# 5 Steps for Paragraph Writing

5つのステップで学ぶパラグラフ・ライティング

Akihiro Maeda
Junko Kono
Simon Rosati

JN034082

TSURUMI SHOTEN

5 Steps for Paragraph Writing

ISBN978-4-7553-0051-6

Photo credits
© adrian_ilie825/stock.adobe.com
© Ivelin Radkov/stock.adobe.com
© Stuart Miles/stock.adobe.com
© Monkey Business/stock.adobe.com
© PRANGKUL/stock.adobe.com
© Richie Chan/stock.adobe.com
© duncanandison/stock.adobe.com
© zolazo/stock.adobe.com
© Michele/stock.adobe.com
© fizkes/stock.adobe.com
© doomu/stock.adobe.com
© acrogame/stock.adobe.com
© LaFifa/stock.adobe.com
© Gorodenkoff/stock.adobe.com

# はしがき

　本書、"5 Steps for Paragraph Writing"『5つのステップで学ぶパラグラフ・ライティング』は、その名が示すように、step by step で英語パラグラフの書き方を学ぶための教科書です。本書を手に取る学生諸君は、英語でまとまった文章を書くという作業をしたことがないかもしれません。母語であったとしても、レポートを書く際に、何から書いたらいいかわからない、と戸惑った経験があるかもしれません。英語ならなおさらではないでしょうか。本書は、そのようなちょっと難しそうな文章化作業を、手順を踏んで学べるよう工夫されています。そのようにして学んだ文章化作業によって、説明力や説得力、発信力、論理的思考力が育成されます。このことは、レポートや論文の作成、さらには、社会に出て、プレゼンテーションをする際にも必ず役に立つはずです。以下、簡潔に本書のねらいを記しておきます。

　まず第1に、簡潔に、要領よく書きたい内容を書くことのできる書き手の育成をねらいとしています。そのため、本書では全て10文程度のワン・パラグラフで構成される文章を作成することにしています。論理的な思考ができないと、物事を順序良く、簡潔に述べることはできません。このワン・パラグラフからなる英作文へのこだわりは、そのような論理的思考力の育成を目指すところに起因しています。

　次に、本書はパラグラフ・ライティングの入門書として、「型」から学ぶように作られていることが挙げられます。文章内容の巧拙は各人の知識量や成熟度によるところが大きいですが、パラグラフの「型」は普遍です。どのレベルの学習者にも対応できるよう「型」からまず学ぶことが、本書のねらいのひとつでもあります。

　最後のねらいとして、「fluent（流暢）な書き手」を育成することです。それは、多少の誤りを気にすることなく、はじめから英語でどんどん書いていく、そのような書き手を指しています。誤りは書き終わってからの見直し時に修正すればよいと考えます。

　以上の3点を念頭に学習してもらえれば幸いです。

　最後に、コロナ禍の中にあって、直接お会いして打ち合わせることができませんでしたが、編集者としての視点から支えていただいた音羽書房鶴見書店の荒川昌史氏に心からお礼を申し上げます。

　皆さんが社会に出て、本書で学んだことが少しでも役に立てば、著者としてそれは大きな喜びです。


2020年9月


著者代表　前田 哲宏

# 本書の使い方

本書の構成

本書は 14 章からなり、以下の 4 つのパートに分類することができます。

☆**Chapter 1, 2**：パラグラフ・ライティングに向けた準備編
- 英語学習者によく見られる誤用等から適切な英文の書き方を学ぶ
- パラグラフの基本構造 (Topic Sentences, Supporting Sentences, Concluding Sentences) を学ぶ

☆**Chapter 3, 4, 5, 6**：パラグラフ・ライティング実践編①（叙述文、描写文）
- 物事を順序立てて述べていく叙述文、描写文の書き方を学ぶ

☆**Chapter 7, 8, 9, 10**：パラグラフ・ライティング実践編②（説明文）
- 物事を定義し、具体例を挙げ、時には分類・比較しながら説明するパラグラフを学ぶ

☆**Chapter 11, 12, 13, 14**：パラグラフ・ライティング実践編③（論述文）
- 自分の考え・意見・社会問題等について、理由や原因、根拠をつけて論述するパラグラフを学ぶ

## パラグラフ・ライティングに向けた準備編 (Chapter 1, 2) について

　Chapter 1 は、学習者にありがちな誤りに焦点をおいて、適切な英文を書いていくための練習問題が中心となっています。他には、文と文のつながりを意識した「つなぎことば」の一例とその練習問題があります。

　Chapter 2 では、パラグラフの基本的な構造である Topic Sentences, Supporting Sentences, Concluding Sentences について、その役割を具体例と共に学びます。それぞれの役割を学んだ後、それらを意識して行う並べかえ問題があります。最後に、パラグラフを書く際の注意点として、5 つのルールを挙げています。

## パラグラフ・ライティング実践編 ①、②、③ (Chapter 3~14) について

　Chapter 3 以降の各章は、「5 つの step とコラム」で構成されています。以下にそれぞれの使い方を説明します。なお、Step 1〜Step 3 は教科書内に解答が書き込めるようにしてあり、Step 4 と 5 については、巻末に綴じ込んである提出用の解答用紙を使用する形にしています。

# Step 1. Structure of the Paragraph

はじめに目標となるパラグラフの構造（どのような順番で何が書かれているか）を学びます。サンプル・パラグラフを参考にして、パラグラフ構造の確認、サンプル・パラグラフの内容確認をします。サンプル・パラグラフ内の太字の語句は、パラグラフ作成の際に利用できる便利な表現や、覚えておくべき重要表現になります。これらは後のセクションやコラムでも取り上げられていることがありますので、しっかりとチェックしておくとよいでしょう。

# Step 2. Useful Expressions

このセクションでは、目標となるパラグラフを書く際に役に立つ表現をまとめています。また、サンプル・パラグラフ内の太字表現もいくつかこのセクションで扱われています。Warm-Up の練習問題を通してこれらの表現の確認をしましょう。なお、練習問題には、さまざまな表現の確認ができるように、解答が複数あるものも含まれています。このセクションでは例示されていない表現については、ヒントとして（　）内にアルファベットをあらかじめ記入しているものもありますので、難しいと思わずにチャレンジしてみてください。（次のセクションで扱う単語補充問題についても同様です。）

# Step 3. Exercises

Exercises は全部で 10 問あります。(1) から (10) までの並びは、各章において目標となるパラグラフの構成そのままになっていますので、順に解いていくと、ひとつのパラグラフができるようになっています。テーマも最後のセクションの作文に向けて、似ているテーマを扱っていますので、その後のセクションに大いに参考になるはずです。また、Step 2 で扱われた表現もいくつか出題されています。

また、このセクションでの問題形式は 3 つあります。それぞれ、単語補充問題、部分和文英訳問題、和文英訳問題となります。教科書前半の章では、比較的容易な単語補充問題を用意しています。テキストの後半になるにつれ、解答自由度の高い問題（部分和文英訳問題や和文英訳問題）が増えていきます。

# Step 4. Outlining （巻末の解答用紙を使用します）

与えられたテーマでパラグラフを書く前のアウトライン（大まかな内容）をここで作成していきます。Topic Sentences, Supporting Sentences, Concluding Sentences の順に、何を書いていくのか、話の流れがわかるように書きます。英語の問い等が書かれていますので、メモ書き程度でそれに答えていけばよいでしょう。

## Step 5. Writing（巻末の解答用紙を使用します）

　アウトラインが出来上がったら、実際にその流れにそって英語でパラグラフを書いていきます。自分で調べた単語や表現は右側スペースに記入しましょう。

## コラム

　コラムでは、筆者達がこれまで英作文指導をしてきた中で、特に注意を促したい事柄をピックアップし、それらを簡潔に説明しています。主には、英作文によくある語法上の誤りやより良い英作文のためのアドバイスを扱っています。

# 目　次
## Table of Contents

解答用紙

# Chapter 1
# 英作文の基本
## (Basics for English Composition)

　本章では、パラグラフを書く前に、英語で作文をする際に最小限気をつけるべきことを、よくある間違いを含む英文から学びたいと思います。そして、文脈を意識して英作文ができるようになるために、文と文、節と節を結ぶ、「つなぎことば」に焦点を当て、練習していきましょう。いずれもパラグラフを書く前段階として重要なことですのでしっかりと練習し、パラグラフ・ライティングへとつなげていきましょう。

## 1. Common Errors （こんな間違いに注意しましょう）

　以下は、学習者の英作文中によく見られる間違いです。適切な表現にしてみましょう。（×の文は間違いを含んでいます。）

**(1) 品詞が違う！（形容詞？ 名詞？ 副詞？）**
　1) 「スマートフォンは便利だ。」
　　　× Smartphones are convenience.
　　→ _____

　2) 「そうすることによって、容易に問題を解決することができるだろう。」
　　　× By doing so, we can solve the problem easy.
　　→ _____

3) 「ほとんどの人が次に何をすればよいか知っていた。」

　　× Almost people knew what to do next.

　　→ _____

**(2) 主語や動詞がない！**

　1) 「地球温暖化によって地球上の気温はますます高くなっている。」

　　× Higher and higher temperature on the earth through global warming.

　　→ _____

　2) 「例えば、それによって、海面の上昇、干ばつ、異常気象が起きる。」

　　× For example, sea level rise, drought, and abnormal climate.

　　→ _____

**(3) I think … の後に主語と動詞がない！**

　1) 「それはよくないと思う。」

　　× I think bad.

　　→ _____

　2) 「それを防ぐ必要があると思う。」

　　× I think necessary to prevent it.

　　→ _____

**(4) 時を表す語と時制の関係に注意！**

　1) 「私は 2007 年から日本のマンガに興味を持っている。」

　　× I am interested in Japanese *manga* since 2007.

　　→ _____

　2) 「最近日本の経済は良くなっている。」

　　× Recently, the Japanese economy is becoming better.

　　→ _____

　3) 「問題が悪化する前に解決しなければならない。」

　　× We must solve the problem before it will become worse.

　　→ _____

**(5)** 自動詞？ 他動詞？

1) 「それは問題を引き起こすだろう。」

   × It will happen trouble.

   → _____

2) 「その問題について、近い将来議論する必要があると思う。」

   × I think we need to discuss about the problem in the near future.

   → _____

**(6)** 主語と動詞の関係は能動？ それとも受動？

1) 「私はオリンピックの開会式を見てとても興奮した。」

   × I was really exciting to see the opening ceremony of the Olympics.

   → _____

2) 「大雨のため始発列車は遅れている。」

   × The first train is delaying due to heavy rain.

   → _____

## 2. Bridging Expressions for Writing （パラグラフのためのつなぎことば）

　まとまりのある文章を書く時に気を付けないといけないのは、文脈（話の流れ）を考えることです。単文とは違い、前後の文脈に応じて、文と文、節と節を結ぶ、「つなぎことば」が必要になります。例えば、

　　　　I don't like beef very much. They recommended beef.

　　　　「牛肉はそんなに好きではない。店は牛肉を薦めてきた。」

という２文がある場合、これらの文と文の間には「つなぎことば」があった方がよいでしょう。適切な語句を補うことで、文と文の間につながりが生まれます。例えば、"however"ということばを入れると、以下のようになります。

　　　　I don't like beef very much. However, they recommended beef.

　　　　「牛肉はそんなに好きではない。しかし、店は牛肉を薦めてきた。」

　以上のように、ほんの１語付け加えるだけで、文と文のつながりが生まれ、スムーズな流れのある文章が書けるようになります。このように、文脈を意識して「つなぎことば」を適切に使うことができるよう練習しましょう。

**(1) 基本的なつなぎことば**

「しかし・しかしながら」：however, but, yet
「実のところ・実際に・実際は」：in fact, actually
「さらに・その上・また」：moreover, furthermore, in addition, besides
「言い換えると・つまり」：in other words, that is to say
「それゆえに・したがって・だから」：therefore, consequently, thus, accordingly
「一般的に・概して」：generally, in general, generally speaking
「なぜなら…だからだ」：this / that / it is because …
「だから…なのだ」：this / that is why …
「つまり・手短かに言うと・要するに」：in short, to put it simply, simply put
時を表す（群）接続詞：when, as, while, as soon as, after, before
理由を表す接続詞：because, as, since, for
譲歩を表す（群）接続詞：though, although, even though
条件・仮定等を表す（群）接続詞：if, even if, unless

**(2) (1) のつなぎことばを使って英文を完成させましょう。**

1) She started studying in the U.K. ＿＿＿＿＿＿＿＿ she was twenty three.

2) No one believes I dropped out of high school ＿＿＿＿＿＿＿＿ my graduation.

3) I saw a snake ＿＿＿＿＿＿＿＿ I was walking in the forest.

4) ＿＿＿＿＿＿＿＿ she was tired, she stayed up and did her homework.

5) ＿＿＿＿＿＿＿＿ it rains on Sunday, we'll cancel the picnic.

6) He went to bed ＿＿＿＿＿＿＿＿ taking a bath.

7) She took her shoes off ＿＿＿＿＿＿＿＿ she got home.

8) You won't stay fit ＿＿＿＿＿＿＿＿ you get more exercise.

9) ＿＿＿＿＿＿＿＿ it's late, let's stop work and go home.

10) ＿＿＿＿＿＿＿＿ washing the dishes, I put them away.

11) She always disagrees with whatever decision her boss makes. ＿＿＿＿＿＿＿＿, she doesn't like her boss.

12) In England there are many examples of 16th Century domestic architecture. ＿＿＿＿＿＿＿＿, they are ordinary people's houses.

13) What is the climate of Japan like? — _____ , it is mild.

14) He was hungry and thirsty. _____ , he was really tired.

15) A is the same as B, and B is the same as C. _____ , A is the same as C.

16) She studied hard. _____ she passed the exam.

17) They are good at baseball. _____ , they are also good at soccer.

18) The car wouldn't start and the train was late. _____ , we had a hard trip.

19) This book sells well. _____ the story is quite touching.

20) The issue sounds rather simple. But _____ , it's very difficult to solve.

# Chapter 2
# パラグラフとは何か
## (What is a Paragraph?)

　パラグラフは、日本語で「段落」にあたる言葉です。エッセイや各種記事、学術論文といった、まとまりのある文章は、複数のパラグラフで構成されています。1つのパラグラフは内容的に関連のある複数の文で構成され、パラグラフ内は一貫性のある内容となっていなければなりません。したがって、原則的に1つのパラグラフには1つのトピックに内容を絞って書いていく必要があります。また、パラグラフ内の文章は主に以下のような流れで構成されています。Topic Sentences（主題）→ Supporting Sentences（支持文）→ Concluding Sentences（まとめ）

　本章では、Topic Sentences や Supporting Sentences といったパラグラフの構成要素を理解し、練習問題を通して文章を実際に書いてみることを目標としています。はじめてまとまった英語の文章を書くのは誰もが戸惑うと思います。実際にどのような手順で書いていけばよいのかを、ここでしっかり学習しましょう。

## 1. Structure of the Paragraph （パラグラフの流れを理解しましょう）

　パラグラフの基本的な「流れ（構造）」は、次のように、図中の (1)(2)(3) の順に書いていきます。

(1) **Topic Sentences**：何について書くのか、何が言いたいのか等

(2) **Supporting Sentences**：
主題についての詳しい説明、
理由や原因など
- → Supporting Sentence 1 + 補足文
- → Supporting Sentence 2 + 補足文
- → Supporting Sentence 3 + 補足文
- ⋮

(3) **Concluding Sentences**：主題をもう一度書く、あなたのコメント等

## (1) Topic Sentences（主題）とは

主に、**これから何について書くのか、何が言いたいのか、を書きます**。2、3文で書かれることが多く、パラグラフの種類によっては（例えば意見表明のパラグラフ等）、この部分を読めば、書き手の主張がわかるようになっています。また、Introduction や Main Idea と表記されることもあります。次の例文を見てみましょう。

例文①　The prime minister declared that the government would raise the consumption tax rate to 15% in 2025. I strongly disagree with this.
「首相は2025年に消費税率を15%にすると宣言した。私はこれに強く反対である。」

例文①では、消費税の増税に対して書き手の意思をはっきりと表明しています。このようにトピック（ここでは消費税の増税）に対する書き手の意思や立場をはっきりと最初に示すことで、読み手にとって読みやすい文章になります。

## (2) Supporting Sentences（支持文）とは

**主題で述べられている内容をより詳しく説明していく部分になります**。本書では、シンプルなパラグラフを書くことに主眼を置いていますので、3つ程度の「支持文＋補足文」で主題の詳細説明をしていくことを目指します。支持文で1文、その補足をする補足文で1から2文程度書くことになります。文字通り、主題を支持する部分ですので、根拠等を述べる場合はここで説得力があるかないかが決まる重要な部分です。Body と表記されることもあり、まさにパラグラフの中枢です。

ここでは Topic Sentences で「首相は2025年に消費税率を15%にすると宣言した。私はこれに強く反対です。」と述べた理由をいくつか書くことになります。例文②を見てみましょう。

例文②　First, not only adults but also children have to pay consumption tax whenever they buy something. Even little children, such as a 5-year-old boy, have to pay tax. In addition, …（以下省略）
「第1に、買い物をすると、大人に限らず子供たちも消費税を支払わなければならない。5歳児のような幼い子供でさえ支払わなければならないのだ。さらに、…（以下省略）」

複数の理由を述べる時には、例文②にあるように、「第1に」や「さらに」といった言葉を使って理由がいくつあるかをわかりやすくするとよいでしょう。理由を述べた後は Concluding Sentences（まとめ）に入っていきます。

**(3) Concluding Sentences（まとめ）とは**

　ここでは例文①②で述べたことを受けて、パラグラフの**最後の「まとめ」、「結論」を書きます**。主題で述べられた主張を強調するために、表現を変えてもう一度述べたり、書き手の主題に対するコメント、読み手への呼びかけ等を書くこともあります。1～2 文程度で書かれ、**この場で新しい情報を書くことはしません**。また、この部分がないとパラグラフ全体が中途半端な状態で終わる印象を与えてしまいます。Conclusion や Summary と表記されることもあります。では例文③を見てみましょう。

例文③　For those reasons, I can't go along with the government plan of raising consumption tax.
　　　　「これらの理由により、私は政府の消費税増税には賛成できない。」

❏ **Exercises** ─────────────────────────────────

　上記 (1)~(3) のパラグラフの流れ（構造）を意識して、1 つのパラグラフになるよう各文を順番に並べかえてみましょう。

1)
　① In addition to wearing suitable clothes, you should sit up straight and speak clearly.
　② It is also important to dress suitably for the interview.
　③ A job interview is a key event in anyone's life.
　④ By practicing these things, you may succeed in the interview.
　⑤ First of all, it is important to prepare for the interview, and know about the job you are applying for.
　⑥ Here are some hints for the interview.
　⑦ Above all, however, you should show that you really want the job.

　　＿＿＿ → ＿＿＿ → ＿＿＿ → ＿＿＿ → ＿＿＿ → ＿＿＿ → ＿＿＿

2)
　① In all developed countries, the population is aging rapidly.
　② These two things are the main causes of the aging society in Japan.
　③ Another is the great decline in the birth rate.
　④ By 2030, one Japanese person in three will be over 65.
　⑤ Among them, the Japanese population is the oldest.
　⑥ One reason for this is the increase in life expectancy.

　　＿＿＿ → ＿＿＿ → ＿＿＿ → ＿＿＿ → ＿＿＿ → ＿＿＿

3)
① The growth of deserts is partly due to the natural tendency of desert land to expand into neighboring areas.
② For example, when people cut down too many trees, they make a desert.
③ Therefore, stopping desertification means not only resisting the forces of nature but also learning to use natural resources more wisely.
④ But human factors also cause the expansion of deserts.
⑤ We have to keep these things in mind for our future.
⑥ Every year large areas of the earth are becoming desert.

_____ → _____ → _____ → _____ → _____ → _____

4)
① For one thing, it is said that exhaust gases from cars cause severe air pollution.
② They also bring about increased temperature.
③ Developing eco-friendly cars is, therefore, very important for the environment.
④ Another problem is unwanted noise.
⑤ The growing number of cars is responsible for some environmental problems.
⑥ New cars are much quieter than the old ones, but still trucks are very noisy.

_____ → _____ → _____ → _____ → _____ → _____

5)
① Finally, the price of daily necessities is usually lower than in the city.
② Besides, we can get agricultural products fresh from the surrounding farms.
③ I prefer country life to city life.
④ That is why I like country life better.
⑤ This means the cost of housing is lower too.
⑥ It is mainly because the countryside is quiet and almost free from environmental pollution.

_____ → _____ → _____ → _____ → _____ → _____

## 2. Rules for Paragraph （パラグラフのルールを理解しましょう）

　次に、パラグラフを実際に用紙に書く前に、書式上のルールを学びましょう。以下は、前のセクションでの例文①～③を順番に並べたものです。

---

The prime minister declared that the government would raise the consumption tax rate to 15% in 2025.
　　I strongly disagree with this.
　　　First, not only adults but also children have to pay consumption tax whene ver they buy something.
Even little children, such as a 5-year-old boy, have to pay tax. In addition, …
（以下省略）.
For those reasons, I can't go along with the government plan of raising consumption tax.

---

　さて、上記の文章はパラグラフと言えるでしょうか。パラグラフには、書式上のルールがあり、上記の例はそれに従っていません。以下が基本的なルールです。

ルール１：１行目の最初の文字は、３から５文字程度開けてから書き出す。
ルール２：１文ずつ改行しない。
ルール３：行の途中で改行しない。
ルール４：１つの単語を２行に分けて書かない。
ルール５：１行目以外の各行の書き出し位置（各行の左端）はそろえる。

> 3 から 5 文字あける

> 1 文ずつ改行しない

---

The prime minister declared that the government would raise the consumption tax rate to 15% in 2025.
　　I strongly disagree with this.
　　　First, not only adults but also children have to pay consumption tax whene ver they buy something.
Even little children, such as a 5-year-old boy, have to pay tax. In addition, …
（以下省略）.
For those reasons, I can't go along with the government plan of raising consumption tax.

---

> 各行の左端をそろえる

> 行の途中で改行しない

> 1 単語を 2 行に分けない

では、ルールに従って書きかえてみましょう。

_____

_____

_____

_____

_____

_____

_____

以上が基本的なパラグラフの流れ（構造）と書式上のルールになります。次の章から実際に
パラグラフを書いていきましょう。

# Chapter 3
# 手順・手続きの説明
## (Procedure / Process)

　本章では、物事の手順や手続きを説明するパラグラフを作ります。この手法は、製品の使い方や組み立て方、式典等の流れ、料理の手順などを書くときに用いられます。このパラグラフの特徴は、順序を表す語、命令文が多く使われることです。この章の目標は、サンプル・パラグラフを参考に、自分が選んだ料理の調理手順を説明するパラグラフを完成させることです。

## Step 1. Structure of the Paragraph

❏ 以下の図でパラグラフの流れを理解しましょう

**Topic Sentences:** 何を説明するのか＋説明するものの情報（材料等）を書く

**Supporting Sentences:**
→ 手順 1: 最初に何をするのか＋補足（アドバイス等）
→ 手順 2: 次に何をするのか＋補足（アドバイス等）
→ 手順 3: 次に何をするのか＋補足（アドバイス等）
⋮
→ 手順 x: 最後に何をするのか＋補足（アドバイス等）

**Concluding Sentences:** あなたのコメント、または提案等

❏ サンプル・パラグラフを読んでみましょう

Although pancakes are really popular among kids for breakfast, some may think it is quite complicated to make them. I will show you the easiest way to make delicious pancakes. Before you cook, you have to prepare the following ingredients: 100g plain flour, 2 eggs, 300ml milk, **1tbsp** vegetable oil, and **a pinch of** salt. Now let's start. **First of all**, put all the ingredients together into a bowl, then whisk to a smooth batter. If you give up whisking half way through, the batter may become lumpy. **Then**, set aside for 30 mins to rest if you have time, or start cooking straight away. It's up to you. Then, set a medium frying pan **over a medium heat** and carefully wipe it with some oiled kitchen paper. When hot, cook your pancakes for 1 min on each side until they become golden, keeping them warm in a low oven as you go. **Finally**, serve with maple syrup or honey, or your favorite filling. Once cold, you can layer the pancakes between baking parchment, then wrap in cling film and freeze for up to 2 months. So you see, **this is the way** we make pancakes. It is very easy. Why don't you try?

❏ パラグラフの内容をまとめましょう

(1) 何の手順説明ですか。

_____

(2) 用意しておくべき材料は何ですか。

_____

(3) 調理の段階ではじめにすることは何ですか。

_____

(4) 時間があれば何をすればよいですか。

_____

(5) フライパンはどのように準備しておけばよいですか。

_____

(6) どのように焼けばよいですか。

_____

(7) 最後にどうしますか。

_____

★ 手段・方法を表す表現

　　「これが…のやり方です。」「このようにして…をします。」

　　　This is　the way / how　S + V ….

　　　　（例）This is　the way / how　we make miso soup.

★ 料理に使う表現

　　調理法：　bake（オーブンで焼く）, grill（直火で焼く）, roast（オーブンで焼く）, boil（茹でる）, steam（蒸す）, stew（煮込む）, simmer（とろとろ煮る）, stir fry（炒める）, deep fry（揚げる）, soak（漬ける）

　　切り方：　cut in　half / halves（半分に切る）, cut in thirds（1/3 に切る）, cut into bite-size chunks（一口大に切る）, chop（刻む）, slice（薄く切る）

　　分量：　　a pinch of …（…をひとつまみ）, a tsp (teaspoon) / tbsp (tablespoon) of …（小さじ・大さじ 1 杯の…）

　　火加減：　over a　high / medium / low　heat（強火・中火・弱火で）

★ 順序を表す表現

　　「第 1 に」：First of all,  First,  Firstly,  To begin with

　　「第 2 に」：Second,  Secondly

　　「第 3 に」：Third,  Thirdly

　　「最後に」：Finally,  Lastly

　　「次に」：　Next,  Then,  After that

❑ **Warm-Up** ─────────────────────────

以下の日本語を英語にしてみましょう。

　　(1) しょうゆ　＿＿＿＿＿＿＿＿＿＿　(2) 酢　＿＿＿＿＿＿＿＿＿＿

　　(3) みそ　＿＿＿＿＿＿＿＿＿＿　(4) だし　＿＿＿＿＿＿＿＿＿＿

　　(5) 昆布　＿＿＿＿＿＿＿＿＿＿　(6) かつお節　＿＿＿＿＿＿＿＿＿＿

　　(7) なべ　＿＿＿＿＿＿＿＿＿＿　(8) フライパン　＿＿＿＿＿＿＿＿＿＿

　　(9) 炊飯器　＿＿＿＿＿＿＿＿＿＿　(10) お玉杓子　＿＿＿＿＿＿＿＿＿＿

　　(11) 電子レンジ　＿＿＿＿＿＿＿＿＿＿　(12) フライ返し　＿＿＿＿＿＿＿＿＿＿

（　）内に入る英語を答えましょう。

　　(13) まずはじめに、キャベツ 1 個を半分に切る。

　　　　（　　　　　）of （　　　　　）, cut a cabbage （　　　　　）half.

　　(14) このようにして、お好み焼きを作る。

　　　　（　　　　　）is （　　　　　）we make *okonomiyaki*.

## Step 3. Exercises （日本語にあうように英語にしましょう）

タイカレーというと辛いイメージがありますが、タイカレーの中にも辛くないものがあります。マッサマンカレーは辛いものが苦手な人にも好まれるカレーです。

(1) はじめに、マッサマンカレーペースト 50g を大さじ 1 の油で炒める。

(　　　　　), (　　　　　　　　) fry 50g of Massaman curry paste in 1 tbsp of cooking (o　　　　　).

(2) 次に、ココナッツミルク 1 カップを加える。

(　　　　　), (　　　　　) 1 (　　　　　　) of coconut milk.

(3) 子羊 (lamb) 200g を加え、火が通るまで (until done) 炒める。

Add 200g of (　　　　　) and stir (　　　　　) until done.

(4) さらに 1/2 カップのココナッツミルクと 1/2 カップの水を加え、沸騰させる (bring to the boil)。

Add another 1/2 cup of coconut milk, 1/2 cup of (　　　　　) and bring to the (　　　　　).

(5) 角切りの (cubed) じゃがいも 150g と玉ネギ 50g を加え、野菜が煮えるまで調理する。

Add 150g of cubed potatoes, 50g of (o　　　　　) and cook until (v　　　　　) soften.

(6) 砕いた (crushed) ピーナッツ 10g をちらす (sprinkle)。

(　　　　　) 10g of crushed (　　　　　).

(7) 最後に砂糖とタマリンドで味つけをする (season with)。

(　　　　　), (　　　　　) with (s　　　　　) and tamarind.

(8) このようにして、マッサマンカレーは作られる。

(　　　　　) (　　　　　) (　　　　　) (　　　　　) Massaman curry is cooked.

(9) マッサマンカレーは、イスラム諸国からタイ南部に伝来したと言われている。

People say that Massaman curry came (　　　　　) Islamic countries to the (　　　　　) of Thailand.

(10) 最近は日本でも、大きなスーパーでマッサマンカレーペーストを買うことができる。

Today we can (　　　　　) Massaman curry paste at big (　　　　　) chains in Japan.

# ▐▐▐ Paragraph Writing ▐▐▐

ここでは、料理を自分で選び、その調理手順を書いていきます。

## Step 4. Outlining（アウトラインを完成させましょう）

巻末の解答用紙に記入しましょう。

**Topic Sentences**

> (1) What are you going to explain? Small bits of information about it. What are the ingredients?

**Supporting Sentences**

> (2) Procedure 1: What do you do first? + α (some advice if any)

> (3) Procedure 2: What do you do next? + α (some advice if any)

> (4) Procedure 3: What do you do next? + α (some advice if any)

> (5) Procedure 4: Finally, what do you do? + α (some advice if any)

**Concluding Sentences**

> (6) Some comments or suggestions, etc.

## Step 5. Writing（パラグラフを書いてみましょう）

巻末の解答用紙に記入しましょう。

## 《First, ... Second, ... Finally, ...》

「まずはじめに」の意味では、first や first of all, firstly がよく使われます。理由や意見を述べるようなパラグラフでは、for one thing (「ひとつには・ひとつの理由として」) も使うことができます (12 章のサンプル・パラグラフ [p. 67] 参照)。

「第 2 に」の意味では、second, secondly などがありますが、少し言い換えて next (「次に」)、then (「それから」)、after that (「その後」)、「さらに」の意味で in addition, moreover, furthermore, besides などもあります。その他、2 つ目の理由であれば、Another reason is ... で始める表現方法もあります。

「最後に」の表現としては、finally、lastly があります。Finally は特にスペルミスに注意しましょう。その他には last of all、last but (certainly) not least (「最後になりましたが」) なども使えます。

《いくつかの項目、問題点などを順番に記述する場合》

・Firstly, ...　Secondly, ...　Thirdly, ...

いくつかの事実や項目などを、順番に列記する場合、序数を使ってもよいでしょう。列記する前にあらかじめ、There are three types of ..., The first is ..., The second is ..., The third is ..., のように、挙げられる項目数を示しておくことで、読み手にとってわかりやすい文章を書くこともできます。

・To start with, ... Next, ... Lastly, ...

「まずはじめに」、「次に」、「最後に」、という具合に副詞 (句) を使って順序を表すことができます。これに似た表現として、To begin with, ... Then, ... Finally, ... を使うこともあります。

・In the first place, ... In the second place, ... Furthermore, ... Finally, ...

「まず第 1 に」、「第 2 に」、「さらに」、「最後に」、と列挙する方法もあります。

・For one thing, ... What is more, ... One final point is ...

「ひとつには」、「さらに」、「最後には」、という表現を使うこともできます。

# Chapter 4
# 時間的順序
## (Chronological Order)

　本章では、出来事が起きた順番に文を並べて説明していくパラグラフを作ります。個人の生い立ち、歴史、物語、伝記などを書くときの参考になります。このパラグラフでは、出来事の始めから終わりまでを、起きた順に書いていく必要があり、そうすることで読み手にとって理解しやすいパラグラフとなるでしょう。この章の目標は、自分の生い立ちを説明するパラグラフを完成させることです。

## Step 1. Structure of the Paragraph

❏ 以下の図でパラグラフの流れを理解しましょう

**Topic Sentences:** 登場人物の紹介（誰について書くのか・何をした人物か）

**Supporting Sentences:**
{
→ 出来事 1: 最初にいつ何が起きたのか＋補足
→ 出来事 2: その後、何が起きたのか＋補足
→ 出来事 3: その後、何が起きたのか＋補足
→ 出来事 4: その後、何が起きたのか＋補足
　　　　　　　　　　　　　　　　　　⋮
}

**Concluding Sentences:** 今その人物はどうなっているのか／あなたのコメント等

Umeko Tsuda was a Japanese pioneer in education for women in the Meiji period.  She was born in Tokyo **on New Year's Eve in 1864**. **When she was 6 years old**, she was chosen as a member of the Iwakura Mission and went to the U.S.A. as the youngest female foreign student. In 1878, she entered the Archer Institute and studied Latin, French, and English literature there. **Four years later**, she graduated from the institute. **Soon after** her graduation, Umeko came back to Japan, and **spent the next six years working** as a tutor for Ito Hirobumi's children and as a teacher in a girl's school. Then, she decided to return to the U.S. and attended a college **from 1889 to 1892**. She majored in biology and education there. **After returning** to Japan, she founded the *Joshi Eigaku Juku* in 1900 to provide equal opportunity for education for all women. The school changed its name to Tsuda College (*Tsuda Juku Daigaku* in Japanese) **after World War II**. Even **after her death** in 1929, it still remains one of the most well-known private colleges for women in Japan.

❏ パラグラフの内容をまとめましょう (それぞれの時期に何があったでしょうか)

(1) 1864 年

_____

(2) 6 歳の時

_____

(3) 1878 年

_____

(4) その 4 年後

_____

(5) 1882 ～ 1886 年まで

_____

(6) 1889 ～ 1892 年まで

_____

(7) 1900 年

_____

(8) WW II 後

_____

## Step 2. Useful Expressions （役に立つ表現を理解しましょう）

★ 時を表す語句

「近頃」「最近」「今日」：now, nowadays, these days, recently, today
　＊recently は、過去・現在（過去）完了の文に用いられます。
「当時」「あの時」：at that time, in those days / times, then
「将来」：in the future
「同時に」：meanwhile, at the same time, simultaneously
「（…の）前に」：before, prior to ／「（…の）後に」：after
「○○年 / 月に」：in 1990, in 2020, in July, in January
「数日後」：after a few days ／「翌年（に）」：in the following year
「○月○日に」：on March 3 / on March 3rd / on the 1st of April
　＊米では月日、英では日月の順で表すのが一般的です。

★ 時・時間の前後を表す接続詞

「～する（した）時・～の時」：when
（例）**When** I was ten, we moved to Tokyo. / We moved to Tokyo **when** I was ten.
「～する前」：before
（例）**Before** you come here, please call me. / Please call me **before** you come here.
「～した後」：after
（例）**After** I came back to Japan, I became a teacher. / I became a teacher **after** I came back to Japan.

## ❑ Warm-Up ——————————————————————

(1) Tom は 7 月 4 日に生まれた。

Tom was (　　　　) (　　　　) the 4th of (　　　　).

(2) 彼は将来、数学の先生になりたい。

He wants to be a math (　　　　) in the (　　　　).

(3) 私は 4 月に高校に入学した。

I entered a (　　　　) (　　　　) (　　　　) April.

(4) 電車に乗る前に切符を買ってください。

(　　　　) you get on the train, please buy a (　　　　).

(5) ジョギングの後、水を飲むのを忘れないでください。

(　　　　) you go for a jog, do not forget to drink (　　　　).

## Step 3. Exercises （日本語にあうように英語にしましょう）

(1) 私は、2000 年 11 月 20 日に京都で生まれた。

I was born (　　　　　) Kyoto (　　　　　) (　　　　　　　　) 20th, 2000.

(2) 3 歳の時に妹が生まれた。

My sister was born (　　　　) I (　　　　) 3 years (　　　　).

(3) 当時、私は祖父母とともに京都に住んでいた。

(　　　) (　　　　) time, I (　　　　) in Kyoto with my grandparents.

(4) 小学校入学直前に、大阪へ引っ越した。

Just (　　　　) (e　　　　) elementary school, I (　　　　) to Osaka.

(5) 小学校で、たくさんの友だちができた。

I made (　　　　) (　　　　) (　　　　) elementary school.

(6) 2012 年に中学生となり、バレーボール部に入部した。

I became a (　　　　　) at junior high school (　　　　) 2012 and
(j　　　　) the volleyball club.

(7) 放課後はバレーボールを一生懸命に練習し、その結果、市の大会で優勝をした。

(　　　　　) school, I played volleyball very hard , and as a (　　　　　),
our team came (f　　　　) in the city tournament.

(8) しかし、高校では親友も所属する卓球部に入ることにした。

However, (　　　　) high school, I (d　　　　) to be a member of the
table tennis club to which my (　　　　) friend also belonged.

(9) 最近、卓球はとても人気で、部員の数も増えてきている。

(　　　　　), table tennis is becoming very popular and the (n　　　　　)
of players is (i　　　　).

(10) 大学でも卓球を続け、大会で優勝したい。

I want to keep on (p　　　　　) table tennis at (　　　　　) and win
a (t　　　　　).

# ||||Paragraph Writing||||

ここでは、「自分の生い立ち」を書いていきます。

## Step 4. Outlining（アウトラインを完成させましょう）

巻末の解答用紙に記入しましょう。

### Topic Sentences

> (1) Who are you? Where and when were you born?

### Supporting Sentences

> (2) Event 1: What happened to you and when did it happen? + α

> (3) Event 2: After "event 1," what happened to you and when did it happen? + α

> (4) Event 3: After "event 2," what happened to you and when did it happen? + α

> (5) Event 4: After "event 3," what happened to you and when did it happen? + α

### Concluding Sentences

> (6) What are you doing now? / What are you going to do in the future?

## Step 5. Writing（パラグラフを書いてみましょう）

巻末の解答用紙に記入しましょう。

## ≪常に同じ名詞を主語にするのは避けましょう≫

例えば…

△ I have an older sister. I have a younger brother. I like softball. I like volleyball. I have a dog. I love my dog.

上の文章では、主語が全て "I" となっています。これだと単調な繰り返しの英文となってしまい、読み手を退屈させてしまいます。時々主語をかえるか、and や but といったつなぎことばを効果的に用いて、うまく英文に変化をもたせましょう。以下の文章と比べてみてください。

◎ I have an older sister and a younger brother. The sports I enjoy are softball and volleyball. My family has a lovely dog.

では、以下の英文を and, so, but, because を用いて書きかえてみましょう。必要に応じて主語も書きかえましょう。

My hometown is Canterbury. Canterbury is a small city. Canterbury is a famous city.

There is a big church, Canterbury cathedral. A lot of people come to visit it. The stained-

glass windows are beautiful. People come from all over the world. We can hear a lot of

different languages in the street. Canterbury cathedral is a UNESCO World Heritage

site. It is not the only one in Canterbury. Two other churches are also UNESCO sites.

Canterbury is an education center, too. Canterbury has two universities. Canterbury has

a technical school. Canterbury has an art college. Canterbury is a lively town. There are

a lot of students. Canterbury is a special place. Everyone should visit it someday.

# Chapter 5

# 空間配列
## (Spatial Order)

　本章では、ある特定の場所や空間に、何がどのように置かれているかを描写・説明するパラグラフを作ります。例えば、部屋の中に置かれている物の配置、写真に写っている人や物を描写・説明します。このパラグラフでは、何を描写・説明するのかを述べた後、それを言葉で表現していきます。時計回りや反時計回りといったように順序立てて説明していくと、読み手がその様子を容易に想像しながら読み進めていくことができるはずです。この章の目標は、自分の部屋の様子を描写・説明するパラグラフを完成させることです。

## Step 1. Structure of the Paragraph

☐ 以下の図でパラグラフの流れを理解しましょう

**Topic Sentences:** 説明する場所（空間）の紹介と最初に何が見えるか

**Supporting Sentences:**
→ 次にあるもの・見えるものは何か
　どこにそれはあるか＋補足（物の特徴等）
→ 次にあるもの・見えるものは何か
　どこにそれはあるか＋補足（物の特徴等）
→ 次にあるもの・見えるものは何か
　どこにそれはあるか＋補足（物の特徴等）
　　　　　　　　　　　　　⋮

**Concluding Sentences:** あなたのコメント等

As you walk into my room, you can see a large bookshelf **on** the wall **to the left**. There are hundreds of books on it. **Over** the bookshelf is an old clock which my grandfather used a long time ago. **Against** the far wall **there is** a desk. I study at this desk almost every night. I put my textbooks on it. **Above** the textbooks, there is a poster of my favorite film. There is another bookshelf **right next to** my desk. It is smaller than the first one. There are some comic books on it. Oh, and my tablet computer is on it. I put my guitar **next to** the bookshelf so that I can play it whenever I need to relax. **On the right side of** my room is a huge window with a balcony outside. Finally, my bed is immediately **to the right of** the door, next to the window. I can go to bed as soon as I enter my room. If you want to see what it is like, please come and see it anytime!

❏ サンプル・パラグラフに基づく部屋の様子を絵で描いてみましょう

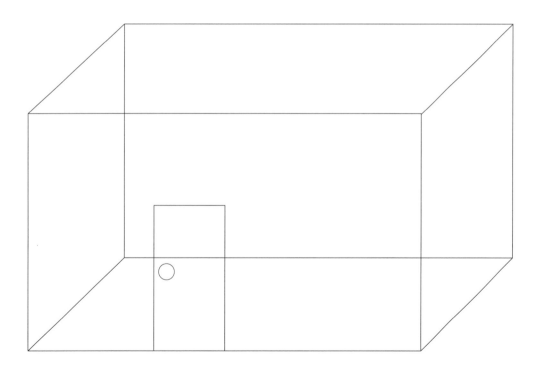

## Step 2. Useful Expressions（役に立つ表現を理解しましょう）

★ 場所や位置を表す語句（前置詞と群前置詞）

at, in, on, above, over, beyond, under, beneath, behind, inside, within, outside, near, against, along, before, beside, by, between, around
in front of, next to, at the back of, on top of, in the center of, in the middle of, on the right / left of, across from, opposite

★ 物事の存在を表す表現

「～（場所）に…（物・人）がある・いる」: There is / are … 前置詞＋～.
　（例）There is a computer on my desk.
「…（物・人）は～（場所）にある・いる」: … is /are ＋（群）前置詞＋～.
　（例）A computer is on my desk.
「～（場所）には…（物・人）がある・いる」:（群）前置詞＋～ is /are ….
　（例）Next to the table is a bookshelf.


## ❏ Warm-Up ─────────────────────────

(1) テーブルの上に　　　　　　　　_____

(2) 郵便局のとなりに　　　　　　　_____

(3) 病院の前に　　　　　　　　　　_____

(4) 本棚の左側に　　　　　　　　　_____


(5) 私たちはコーヒーを囲んでおしゃべりをした。

We had a chat (　　　　　) a cup of coffee.

(6) その建物の屋上には給水タンクがある。

There is a water tank (　　　　　) the roof of the building.

(7) 髪の長い女性のそばには、大きな犬が座っていた。

A big dog was sitting (　　　　　) the woman with long hair.

(8) 叔母の花屋は、パン屋とレストランの間にあった。

My aunt's flower shop is located (　　　　　) a bakery and a restaurant.

(9) 壁に大きな鏡がかかっている。

There is a big mirror (　　　　　) the wall.

(10) 背が高い男の人が壁にもたれかかっている。

A tall man is leaning (　　　　　) the wall.

(1) 私の部屋は、アパートの３階にある。

My room is (　　　　　　) the third (f　　　　　　) of the (　　　　　　　　　　).

(2) 玄関に入ると、まず台所が右側に、お風呂場が左側に見える。

(　　　　　　　　) you come inside, you will see the (　　　　　　　) on the
(　　　　　) and the bathroom (　　　　　) the left.

(3) リビングルームは台所の先にある。

The living room (　　　　　) (　　　　　) the kitchen.

(4) リビングに入ると、すぐ左側の壁に本棚がある。

When you (e　　　　　　　) the living room, (　　　　　　) is a bookshelf
(　　　　　　) the wall on the left side.

(5) その本棚の中には、私の好きなフィギュアが置いてある。

My favorite figures are (p　　　　　) (　　　　　) the (　　　　　　　　).

(6) 本棚のとなりには、小さなテレビとその下に DVD プレーヤーがある。

(　　　　　) to the bookshelf (　　　　　　) a small TV, with a DVD player
(　　　　　) it.

(7) 本棚の反対側には、大きな四角い窓がある。

(　　　　　　) the other side of the bookshelf, (　　　　　　) is a large
(s　　　　　) window.

(8) 窓の下にはベッドがあり、青い羽毛布団 (duvet) が掛けられている。

(　　　　　) the window is a bed (w　　　　　) a blue duvet.

(9) ベッドの横には小さなテーブルがあり、その上に目覚まし時計を置いている。

Next (　　　　　) the bed is a small table (w　　　　　　) an alarm clock
(　　　　) it.

(10) 窓からは美しい庭を眺めることができる素敵な部屋である。

It is a nice (　　　　　) where you can (s　　　　　) the beautiful garden
(　　　　) the window.

# ▐▐▐ Paragraph Writing ▐▐▐

ここでは、「自分の部屋の様子」を書いていきます。

## Step 4. Outlining （アウトラインを完成させましょう）

巻末の解答用紙に記入しましょう。

### Topic Sentences

> (1) What are you going to describe? / What can you see first?

### Supporting Sentences

> (2) What can you see there next and where is it? + α (a brief description of it, etc.)

> (3) What can you see there next and where is it? + α (a brief description of it, etc.)

> (4) What can you see there next and where is it? + α (a brief description of it, etc.)

### Concluding Sentences

> (5) Additional comments about your room, etc.

## Step 5. Writing （パラグラフを書いてみましょう）

巻末の解答用紙に記入しましょう。

# コラム

## 《There is / are ... + ~. の使い方》

There is / are 構文は、相手にとって未知の情報を伝える際に用いられます。したがって以下の×印の例文のような使い方はできません。

- × I bought some apples yesterday. There are <u>those apples</u> on the table. （購入したリンゴは既出）
- ○ I bought some apples yesterday. <u>Those apples / They</u> are on the table.

- × There is <u>the poster</u> on the wall. （the ... は基本的に既出のものを指す）
- ○ There is <u>a poster</u> on the wall.

その他、There is / are 構文の間違いが多いのは、単数形／複数形の区別です。

- × There <u>is</u> some books on the desk.
- ○ There <u>are</u> some books on the desk.

## 《exist の使い方》

exist も日本語にすると「…がある」の意味になりますが、もともとは「存在する」「現存する」「生存する」という意味を持っています。したがって、以下のような使い方はできません。

- × On the bed a blue bedcover <u>exists</u>.
- ○ The bed <u>has</u> a blue bedcover.

## 《旧情報から新情報へ》

空間配列のパラグラフでは、時計回りや反時計回りのように規則的に事物を描写していきます。その際、倒置法を使って旧情報から新情報へ述べていくと読み手は状況を理解しやすくなります。例えば…

- ○ Against the far wall, there is a set of shelves. <u>My portable stereo</u> is <u>on top of these</u>.
  新情報　　　　　→　　　旧情報

- ◎ Against the far wall, there is a set of shelves. <u>On top of these</u> is <u>my portable stereo</u>.
  旧情報　　　→　　　新情報

サンプル・パラグラフ (p. 25) にも上記のような倒置を使っている個所があります。探してみましょう。

# Chapter 6
# グラフ描写
## (Graph Description)

　本章では、グラフで描かれている内容を説明し、グラフから読むことのできる現象に考察を加えていくパラグラフを作ります。このパラグラフの展開方法は、新聞や雑誌の記事から科学論文にいたるまで幅広く活用できます。まずグラフが表している全体像を説明し、そこからグラフの変化や特記すべき事項を説明、分析し、その原因等を考察していきます。この章の目標は、暇つぶしにパソコンを使用する人の割合の変遷を表したグラフを描写し、そこから言えることを説明していくパラグラフを書くことです。

## Step 1. Structure of the Paragraph

❏ 以下の図でパラグラフの流れを理解しましょう

**Topic Sentences:** グラフの示している内容は何か

**Supporting Sentences:**
- → グラフからわかること 1:
  何がわかるか。なぜそうなるのか＋補足
- → グラフからわかること 2:
  何がわかるか。なぜそうなるのか＋補足
- → グラフからわかること 3:
  何がわかるか。なぜそうなるのか＋補足
  ⋮

**Concluding Sentences:** あなたのコメントや感想等

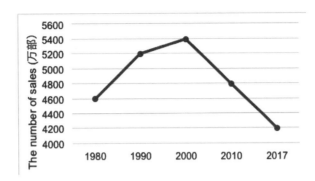

The graph **indicates** the change in the number of newspaper sales in Japan over time. In 1980 total sales were 46,000,000, and they increased to 54,000,000 in 2000. This **implies** newspaper publishing companies grew **at a good rate** until 2000. **We can guess that** the 2nd generation of baby boomers were starting families **during this period**. Although it seemed the sales were strong, they suddenly stopped increasing in 2000. **During the next decade**, the total number of newspaper sales dropped **drastically**, and they continued decreasing to total sales of 42,000,000 in 2017. **Undoubtedly**, the world-wide spread of the Internet society and the increasing number of smartphone users are the two main causes of this drop. Thanks to the Internet and smartphones, people can access the latest headlines whenever they want. **In addition**, people's consciousness of environmental problems may prevent them from buying such a paper-wasting medium. **It is certain that** this trend will not stop, and so newspaper publishers have to take new measures to survive.

❏ パラグラフの内容をまとめましょう

(1) グラフは何を示していますか。

_____

(2) グラフを見て言えることの1つ目は何ですか。またその背景には何があると言っていますか。

_____

(3) グラフを見て言えることの2つ目は何ですか。またその背景には何があると言っていますか。

_____

(4) さらにどのような要因が考えられると言っていますか。

_____

(5) Concluding Sentence で言っていることは何ですか。

_____

## Step 2.  Useful Expressions （役に立つ表現を理解しましょう）

★ 図表が表す内容を伝える表現

「…を示している」「…を表している」

S │ indicate(s)
  │ show(s)
  │ illustrate(s)    ….
  │ explain(s)
  │ demonstrate(s)
  │ describe(s)

（例）This graph indicates how the population of Japan has changed since 2000.

「…だと言える」「…だと推測できる」

We can   say / guess   (that) S + V ….

（例）We can say (that) the population in Japan has been decreasing little by little.

★ 数値の変化に関わる語句

「上昇している」「増加している」: rise,  increase,  grow

「下降している」「減少している」: fall,  drop,  decrease,  decline

「急激に」「劇的に」: dramatically,  sharply,  rapidly,  drastically

「大いに」: significantly

「徐々に」「緩やかに」「次第に」: gradually,  gently,  moderately

「わずかに」: slightly ／「少しずつ」: little by little ／「順調に」: at a good rate

## ❏ Warm-Up ─────────────────────────────────

英語は日本語に、日本語は英語にしてみましょう。

(1) pie chart （          ）          (2) line graph （          ）

(3) bar graph （          ）          (4) table / list （          ）

(5) diagram / chart （          ）

(6) 次第に増加する (i          ) (          ly)

(7) 劇的に上昇する (r          ) (          ly)

(8) 突然減少する (de          ) suddenly

(9) 少しずつ加速する accelerate little (          ) (          )

(10) 緩やかに落ちる drop (          ly)

(1) この表は、3つの州のワインの生産量と消費量を表している。

This table (　　　　　) the production and consumption of (　　　　　) in three states.

(2) A のワイン生産量は継続的に増加しているが、反対に B は 10% の減少を示している。

Although the production of wine in A (c　　　　　) to (g　　　　　), B, on the contrary, (　　　　　) a reduction of (　　　　　)

(3) C の生産量は 20% へ下落している。

The production of C also (dr　　　　　) to 20%.

(4) C のワイン消費量も 20% 下落している。

The consumption of wine in C also (f　　　　　) by 20%.

(5) ちなみに A は同じままである。

In this connection, A stays the (　　　　　).

(6) B の消費量もほとんど変化がない

The consumption of B also changes (li　　　　　).

(7) C は生産量、消費量ともに大いに変化していると言える。

We can say that C (c　　　　　) (　　　　　ly) in terms of both production and consumption.

(8) A の消費量は、B の 5 倍以上ある。

The (　　　　　) of A is (　　　　　) (　　　　　) five times as large as that of B.

(9) C のワインの生産量は、A の約 4 分の 1、B のほぼ半分である。

The production of (　　　　　) in C is about one-fourth that of A, and almost (h　　　　　) that of B.

(10) 3 つの州のうちで、A のワイン消費量が一番多く、B の消費量は一番少ない。

Of the three states, A consumes the most (　　　　　), while B consumes the (l　　　　　).

# ▐▐▐ **Paragraph Writing** ▐▐▐

ここでは、以下のグラフ（暇つぶしにパソコンを使用する人の割合）からわかることを説明するパラグラフを作ります。

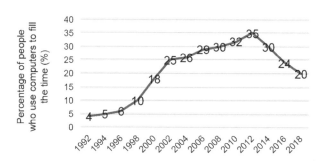

## Step 4. Outlining （アウトラインを完成させましょう）

### Topic Sentences

(1) What does the graph show / tell us?

### Supporting Sentences

(2) Discovery / Phenomenon 1: What did you find? Why do you think it happened? + α

(3) Discovery / Phenomenon 2: What did you find? Why do you think it happened? + α

(4) Discovery / Phenomenon 3: What did you find? Why do you think it happened? + α

### Concluding Sentences

(5) Your comments, etc.

## Step 5. Writing （パラグラフを書いてみましょう）

巻末の解答用紙に記入しましょう。

## コラム

### 《助動詞や副詞を適切に使いましょう》

英語を使う際、実際はかなりの頻度で助動詞が使われます。それは、話し手・書き手の気持ちを表すことができるからです。現実や過去に起こった事実を述べるだけなら助動詞は必要ではありませんが、自分の意見、推測、予測、などを述べるときには助動詞が使えるかどうかがカギとなります。以下の例で見てみましょう。

Our consciousness of the environmental issues **prevents** us from buying newspapers.
　「我々の環境問題への意識が新聞購買を抑制**する**。」（現実）

Our consciousness of the environmental issues **prevented** us from buying newspapers.
　「我々の環境問題への意識が新聞購買を抑制**していた**。」（過去の事実）

Our consciousness of the environmental issues **may prevent** us from buying newspapers.
　「我々の環境問題への意識が新聞購買を抑制**するかもしれない**。」（推測）

以上のように、実際に起きている、起きた事柄については現在形や過去形が使われますが、これから起きることや話し手（書き手）の推測を語る場合は助動詞が必要になります。

《副詞を適切に使いましょう》
話し言葉では、話し手の表情や声の抑揚、音の強弱等を通して、聞き手は情報を理解していきます。ところが、書き言葉ではそれができません。文章による表現のみで「様子」や「気持ち」を表す必要があります。それを担うのが副詞です。副詞には時や場所を表すもの（now, yesterday, here, there 等）が我々には身近ですが、ここでは、特に態度・状態（easily や happily 等）を表す副詞に着目したいと思います。以下の例文を見てみましょう。

As I opened the door, I saw her sleeping at the desk.
　「ドアを開けたら、彼女が机で寝ているのが見えた。」
　　　　　　　　↓
As I opened the door, I saw her sleeping **peacefully** at her desk.
　「ドアを開けたら、彼女が机で**ぐっすりと**寝ているのが見えた。」
As I opened the door, I saw her sleeping **lightly** at her desk.
　「ドアを開けたら、彼女が机で**うたた寝**しているのが見えた。」

The increasing number of smartphone users is the main cause of this.
　「スマートフォン使用者の増加がこれの主な原因である。」
　　　　　　　　↓
**Undoubtedly**, the increasing number of smartphone users is the main cause of this.
　「スマートフォン使用者の増加が**明らかに**これの主な原因である。」

以上のように、副詞を上手に使うことで表現豊かな文になります。

# Chapter 7
# 定義文
## (Definition)

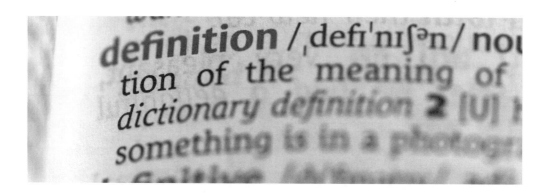

　本章では、普段用いられる語や句、新語、流行語、特定の分野で使われる用語そのものを説明するパラグラフを作ります。まず説明したい用語の定義をし、その後さらに詳細に具体例等を入れながら説明していきます。この章の目標は、若者の間でよく使われる新語や流行語の定義パラグラフを作ることです。

## Step 1.　Structure of the Paragraph

☐ 以下の図でパラグラフの流れを理解しましょう

**Topic Sentences:** 何について定義するか＋その定義は何か

**Supporting Sentences:**
→ 説明・使用法 1：そのことばに関する追加情報・どのようにして使うか＋補足
→ 説明・使用法 2：そのことばに関する追加情報・どのようにして使うか＋補足
→ 説明・使用法 3：そのことばに関する追加情報・どのようにして使うか＋補足
　　　　　　　　　　⋮

**Concluding Sentences:** あなたのコメント等

Have you ever heard the word "geek?" Simply put, a geek is **a person who** is interested in a subject for its own sake. Usually, **it refers to someone who** is eccentric and enthusiastic about a hobby such as computers, comic books, or animated characters. The word has had different **meanings** over time. Originally, it **meant** performers in carnivals who bit the head off a live chicken as a performance. However, as those performers disappeared a long time ago, the word is not used anymore in that meaning. In the past, it also meant someone who behaved awkwardly and had strange interests. Today, the word is used rather positively by people. For instance, technologically-oriented geeks are **those who** are skilled at using computers while anime geeks are passionate about animated characters, cosplay costumes, and voice actresses or actors. As just written above, the word "geek" is used to describe **a person with** extraordinary ability or an avid fan of something. Can you guess the Japanese translation for "geek?"

❑ パラグラフの内容をまとめましょう

(1) "Geek" の定義は何でしょうか。

_____

(2) 元々どのような意味で使われていましたか。

_____

(3) また、過去にはどのような意味を持っていましたか。

_____

(4) 今日ではどのような意味で使われていますか。

_____

(5) 日本語で "geek" とはどのような人たちのことだと思いますか。

_____

★ 物事を定義する表現

「Sとは、…（する）～である」

| S | is / are<br>refer(s) to<br>mean(s) | ~ | who<br>which<br>where<br>with など | …. |

（例）

A cosplayer　is　a person　who wears a specific character's costume.
定義する語　　　　属性　　　　　　　　詳細な特徴

A hospital　is　a place　where sick or injured people go to be treated.
定義する語　　　属性　　　　　　　　詳細な特徴

Boba tea　　　refers to　a kind of tea　with tapioca in it.
定義する語　　　　　　　　属性　　　　詳細な特徴

「Sは…と定義される」

　　S　is / are　defined as ….

★ 間違いやすい mean の使い方

「意味」: meaning　「…を意味する」: mean(s)

（例）The meaning of the Japanese word "*emoi*" is "emotional" in English.

（例）The Japanese word "*emoi*" means "emotional" in English.

## ❏ Warm-Up

以下のものを定義してみましょう

(1) high school teacher

a person whose (　　　　　) is (　　　　　) at high school

(2) train station

a (　　　　　) where (　　　　　) regularly stop so that passengers can get on and off

(3) soccer

a sport played between two teams of eleven people, where each team tries to win by (　　　　) a ball into the other team's (　　　　　)

(4) drone

an aircraft (　　　　) is operated from a distance, (　　　　　) a person being present on it

(5) YouTuber

a person (　　　　　) makes and appears in videos on the (　　　　　)

(1) あなたはウェビナーという語を聞いたことがありますか。

(　　　　　) you ever (　　　　　) the (　　　　　) "webinar" before?

(2) これは、ウェブとセミナーから成る語である。

(　　　　　) is a word (　　　　　) consists (　　　　　) "web" and "seminar."

(3) 人々はこれをインターネットセミナー、オンラインセミナーと呼ぶこともある。

(　　　　　) (　　　　　) this an "internet seminar" or "online seminar"
(a　　　　　) well.

(4) ウェビナーとは、オンライン上で行われるセミナーを意味している。

A webinar (　　　　　) a seminar (　　　　　) is conducted over the
(　　　　　).

(5) また、オンライン上でセミナーを行うためのツールを指すこともある。

It (　　　　　) also defined as the (　　　　　) of conducting an online
(　　　　　).

(6) 参加者は、家に居ながらオンラインセミナーに参加できるという利点がある。

The attendees get the (b　　　　　) of participating (　　) the online
seminar (w　　　　　) leaving home.

(7) ウェビナーは、ホストと参加者間のライブチャットにより、相互コミュニケーションを提供する。

A webinar offers interactive (　　　　　) through live chat
(b　　　　　) the (h　　　　) and the attendees.

(8) ウェビナーは、大きなスペースが無くても、大人数の参加者を収容することができる。

Webinars can (a　　　　　) a large number of (　　　　　) without
the need for (　　　　　) rooms.

(9) このようにして、私たちは新しいコミュニケーションのスタイルを創造するだけではなく、その他のことについても、より良い選択ができるようになるかも知れない。

In this way, creating a new style of communication may result (　　　　　)
making (　　　　　) choices about (　　　　　) things.

(10) あなたもウェビナーに参加してみませんか。

(　　　　　) don't you join the (　　　　　)?

# ▐▐▐▐ Paragraph Writing ▐▐▐▐

ここでは、「若者の間でよく使われる新語や流行語の定義と説明」を書いていきます。

## Step 4. Outlining（アウトラインを完成させましょう）

巻末の解答用紙に記入しましょう。

### Topic Sentences

(1) What are you going to define?　　(2) What is the definition?

### Supporting Sentences

(3) Explanation / Usage 1: Additional information about it / How do you use it? etc.

(4) Explanation / Usage 2: Additional information about it / How do you use it? etc.

(5) Explanation / Usage 3: Additional information about it / How do you use it? etc.

### Concluding Sentences

(6) Your comments, etc.

## Step 5. Writing（パラグラフを書いてみましょう）

巻末の解答用紙に記入しましょう。

# コラム

## 《関係代名詞と関係副詞》

関係代名詞と関係副詞の違いがわからない、という声をよく聞きます。関係代名詞には、which, who, that 等があり、関係副詞には where, when, why 等があります。この違いを理解するには、名詞と副詞（句）の違いを理解する必要があります。以下の文を見てください。

I go to school.
　　　　学校（名詞）

上記の文で school は「学校」という建物・組織の名で名詞です。では、to school は何でしょうか。

I go to school.
　　　学校へ（副詞句）

to を含めると、「学校へ」という意味の副詞句になります。単なる建物や組織の名前「学校」から、場所や方向を指す「学校へ」という言葉にかわります。その他、at school や in school も同じく副詞句です。では、以下の2文も見てみましょう。同じように下線部が指す品詞が違います。

I go to school. My mother works at the school.
　　　　　　　　　　　　　　　　名詞句

I go to school. My mother works at the school.
　　　　　　　　　　　　　　　　副詞句

上記2文を関係詞を使って1文にするとき、関係代名詞を使うのか関係副詞を使うのか迷うと思いますが、関係代名詞はその名の通り、名詞（句）の代わりに使うものですので、the school の代わりに使います。

I go to school. My mother works at the school.
　　　　　　　　　　　　　　　　名詞句
　　　　　　　　　　　　　　　　　↓

I go to the school which my mother works at.
又は、I go to the school at which my mother works.（at を which の前に入れる）

関係副詞は、副詞（句）の代わりに使います。したがって、

I go to school. My mother works at the school.
　　　　　　　　　　　　　　　　副詞句
　　　　　　　　　　　　　　　　　↓

I go to the school where my mother works.

では、以下の英文は which, where どちらが入るかわかりますか。その理由も考えてみましょう。

I visited the house (　　　　　) my father lived 20 years ago.
I visited the house (　　　　　) my father built 20 years ago.

# Chapter 8

# 例　証
## (Illustration)

　　本章では、ある事柄・事象に対して具体的な例を挙げながら、その事柄・事象を説明していくパラグラフを作ります。具体例を挙げることで、主題文で言われていることを証拠立てて述べることができます。また、具体例が読み手の理解促進にも役立ちます。パラグラフの展開としては、まず主題文を述べ、その後具体例を複数出し、主題文の説明をしていきます。この章の目標は、世界各地で使われている日本語を紹介するパラグラフを完成させることです。

## Step 1.  Structure of the Paragraph

❑ 以下の図でパラグラフの流れを理解しましょう

**Topic Sentences:** 何について書くのか＋なぜそれについて書くのか

**Supporting Sentences:**
→ 具体例 1:  具体例を挙げる ＋ 補足
→ 具体例 2:  具体例を挙げる ＋ 補足
→ 具体例 3:  具体例を挙げる ＋ 補足
⋮

**Concluding Sentences:** あなたのコメント等

Some everyday words originated in other countries. They are known as loan words and in Japanese, they are often written in *Katakana*. Japanese people usually think that *Katakana* words are from English, but they are often not. **For example**, we call part-time jobs "*arubaito*" in Japan. It originally came from the German word, "Arbeit," meaning "job (or work)" in English. **Another example** is "*maron*," meaning "chestnut" in English. Do you know where it came from? It came from French, "marron." **Lastly**, because Japan opened its gate only for the Netherlands in the Edo period, many Dutch words, **such as** "gom" ("rubber" in English), and "orgel" ("music box") were imported. You may not know that the original word for "*otenba* (お転婆)" is also a Dutch word, "ontembaar" ("a spirited girl"). Of course, there are many more imported words which are in daily use in Japan. The more you find, the broader your horizons will become.

❑ パラグラフの内容をまとめましょう

(1) トピックは何ですか。

_____

(2) 1つ目の例は何ですか。

_____

(3) 2つ目の例は何ですか。

_____

(4) オランダからの外来語が多い理由は何ですか。

_____

(5) その他の例は何ですか。

_____

(6) Concluding Sentences では何と言っていますか。

_____

## Step 2. Useful Expressions （役に立つ表現を理解しましょう）

★ 例証する時に用いられる動詞

「…を説明している」: illustrate(s)

（例）How hard he studied last night illustrates his attitude.

「…を示している」: show(s), demonstrate(s)

（例）The result  shows / demonstrates  our guess was right.

★ 具体例を示す時の表現

「例えば…」: for example,  for instance,  to illustrate

「…のような」: such as …,  such ~ as …,  like …

「実例として」: by way of illustration

「…の例証として」: in illustration of …

★ For example の使い方

以下の英文の下線部分を比べてみましょう。

× I planted many kinds of flowers in my garden. <u>For example, sunflowers, tulips, and pansies.</u>

○ I planted many kinds of flowers in my garden, <u>for example, sunflowers, tulips, and pansies.</u>

○ I planted many kinds of flowers in my garden, <u>such as sunflowers, tulips, and pansies.</u>

## ❏ Warm-Up

(1) 表 1 は、人々がミネラルウォーターを購入する割合の変化を示している。

Table 1 (         ) the percentage (         ) of people buying mineral water.

(2) 図 2 は何を説明していますか。

(        ) does Figure 2 (        )?

(3) 例えば、盆踊りは日本の伝統舞踊のひとつである。

(      ) (      ), the Bon festival dance is a Japanese traditional (      ).

(4) わが社を例にとると、通常は、従業員の定年は 60 歳です。

Take our company for (      ), employees usually (      ) at the age of 60.

(5) この表現は、以下のような場面でよく用いられる。

This phrase is often used in situations (      ) (      ) the following.

(1) コンピュータのもともとの意味を知っていますか。

Do you know the original (　　　　　　　) of (　　　　　　)?

(2) もともとは「計算をする人」の意味であったという人たちもいる。

Some (　　　　　　) say it originally (　　　　　　) people who perform calculations.

(3) コンピュータも人間もウィルスに感染する可能性がある。

Both (　　　　　　) and human beings (　　　　　) possibly be infected with a virus.

(4) コンピュータも人間もウィルスに感染すると調子が悪くなる。

(　　　　　　) computers nor human beings work well when they catch a (　　　　　　).

(5) コンピュータ用語の多くは、動作音や機器の形状を英語で表したものである。

Many computer words (　　　　　　) the operating sound or (　　　　　) of the device in English.

(6) 例えば、マウスのボタンを押すことを「クリック」と呼ぶ。

(　　　) (　　　　　　), we call the action of (　　　　　) a button on the (　　　　) "click."

(7) それは、ボタンを押した時の音を意味している。

It (　　　　) the sound produced (　　　　　) we press a button.

(8) 他の例としては、「マウス」がある。

(　　　　　) (　　　　　　) is "a mouse."

(9) それはネズミの形をしていることから「マウス」と呼ばれている。

It is (　　　　) "mouse" because it is (　　　　　　) like a mouse.

(10) 語源を知れば、コンピュータ用語の理解は易しいとわかるのではないだろうか。

By knowing the (　　　　　　) of computer words, you will (　　　　　) it easy to (　　　　　) them.

# ▐▐▐ Paragraph Writing ▐▐▐

ここでは、「世界各地で使われている日本語の紹介文」を書いていきます。

## Step 4. Outlining （アウトラインを完成させましょう）

巻末の解答用紙に記入しましょう。

**Topic Sentences**

> (1) What are you going to write about?

**Supporting Sentences**

> (2) Example 1: What is it? + α (where is it used? etc.)

> (3) Example 2: What is it? + α (where is it used? etc.)

> (4) Example 3: What is it? + α (where is it used? etc.)

**Concluding Sentences**

> (5) Your comments, etc.

## Step 5. Writing （パラグラフを書いてみましょう）

巻末の解答用紙に記入しましょう。

## コラム

### 《another と other》

どちらも似たような意味を持ち、この 2 つの単語の使い分けが難しいという人は少なくありません。ここで 2 つの違いを確認しておきましょう。

- another は…

(1) an + other「もうひとつ（ほか）の・もうひとり（ほか）の」の意味を持つ。
(2) 基本的に後ろには単数名詞がくる。
(3) 「追加でもうひとつ」の意味も持つ。
(4) one more に置き換えが可能である。

Can I have another glass of water?
This banana is good. I want another one.
Another example is . . . .

- other は…

(1) the other は another と同じく単数名詞を指し、「残りのひとつ・ひとり」を意味する。2 つあるうちの「もう一方」を意味する。

　　I have two brothers. One lives in Osaka, and the other lives in Kyoto.

(2) the others となると、「（複数あるうちの）残りのすべてのもの・人」を意味する。

　　I have three brothers. One lives in Osaka, and the others live in Kyoto.

(3) others は、the がないので不特定のものを指し、「他のいくつかのもの・人」を意味する。

　　Some people may say "Yes." Others may say "No."

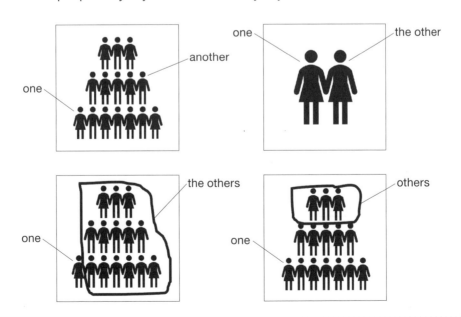

# Chapter 9

# 分　類

## (Classification)

　本章では、ある事物を一定の基準に基づいて数種類に分類し、それぞれの説明を行うパラグラフを作ります。料理の種類、楽器の種類、といったものをわかりやすく数種類に分けて説明します。まず主題文で何について書くのか、そして、何種類に分類できるのか説明します。あとはそれぞれの特徴について、具体例等を入れながら述べていきます。この章の目標は、各自で3つ程度に分類できる事物を決め、それぞれを説明するパラグラフを完成させることです。

## Step 1.  Structure of the Paragraph

☐ 以下の図でパラグラフの流れを理解しましょう

**Topic Sentences:** トピックは何か＋何によって、何種類に分けることができるか

**Supporting Sentences:**
→ カテゴリー1: この種類の特徴は何か ＋ 補足
→ カテゴリー2: この種類の特徴は何か ＋ 補足
→ カテゴリー3: この種類の特徴は何か ＋ 補足
⋮

**Concluding Sentences:** あなたのコメント等

Whenever I told my friends that I like road bicycle racing and I have joined road races many times, they said, "Oh, are you a *keirin* racer?" *Keirin* is one of the categories of cycle sport and is quite different from what I have long been interested in. There are several categories of bicycle racing and they **can be divided into** three main ones **according to** the types of bicycle used in the race: road bicycle racing, mountain bike racing, and track cycling. One category is road bicycle racing. In this category, racers use road bikes. Races usually take place on public roads. **Another** category is mountain bike racing. As the name indicates, races in this category are held in mountain areas. Tough mountain bikes (MTB) are used for cross-country races or downhill races. **The last** category of cycle sport is track cycling. *Keirin* is included in this category and is always held at a stadium-like bicycle track. One of the features of the bicycles used in this category is that they don't have brakes. Therefore, in Japan, track bicycles are banned on public roads. Now I hope you understand the differences among three types of bicycle racing and the category I have been interested in.

❏ パラグラフの内容をまとめましょう

(1) トピックは何ですか。

_____

(2) 1つ目の種類とその特徴は何ですか。

_____

(3) 2つ目の種類とその特徴は何ですか。

_____

(4) 3つ目の種類とその特徴は何ですか。

_____

(5) トラック競技用の自転車が公道で使用できないのはなぜですか。

_____

## Step 2. Useful Expressions（役に立つ表現を理解しましょう）

★「種類」を意味する名詞

　　type, kind, sort, category, variety, class, genre, set

★ 物事を分類する時に用いられる動詞

　　「…を分類する・分ける」: classify …, categorize …, divide …
　　（例）We categorized the web sites into three types.

　　「…に分類される・分けられる」: be classified into …, be divided into …,
　　　　　　　　　　　　　　　　　　be categorized into …, be grouped into …
　　（例）Energy is usually divided into two types: renewable and non-renewable.

★ 分類基準を示す時の表現

　　「…にしたがって」「…に基づいて」: according to …, based on …
　　（例）Examinees were divided into four groups according to their blood types.

★ 分類後に具体例を示す時の表現

　　「ひとつは…。もうひとつは…。」: One type is …. Another type is ….
　　（例）There are two types of cash. One type is hard cash (coins). Another type is
　　　　soft cash (paper).

## ❑ Warm-Up —————————————————————————————

(1) パプリカは 3 つの異なった色から成る食物のタイプに分類される。
　　Bell peppers are categorized as one (　　　　　　) of food in (　　　　　　)
　　different colors.

(2) パプリカには一組の信号機のような 3 色がある。
　　Bell peppers have three colors, like a (　　　　) of (　　　　) signals.

(3) ひとつは緑色で、もうひとつは黄色で、残りは赤色である。
　　(　　　　) is green, (　　　　　) is yellow and the other is red.

(4) パプリカは色を基準に価格が設定されることもある。
　　The price of bell peppers is sometimes set (　　　　) on their (　　　　).

(5) 栄養価によると、赤色のパプリカが他の 2 色より栄養価が高い。
　　(　　　　　) to their nutrients, red pepper contains the (　　　　　) level of
　　nutrients of the three colors.

## Step 3. Exercises（日本語にあうように英語にしましょう）

(1) 大学生は自分のお金は自分で管理しなければならないと思う。

I (　　　　　　) college students must (　　　　　　) care of their money by
(　　　　　　).

(2) 収入は自分でコントロールできないが、支出は自分でコントロールできる。

(　　　　　　) you cannot control your (　　　　　　), you can control your
(　　　　　　).

(3) 支出にはどのような使い方をするかによって3種類ある：消費、投資、浪費である。

Spending can be (　　　　　　) into three types (　　　　　　) to the
(　　　　　　) you spend money: consumption, investment, and extravagance.

(4) 消費とは、払ったお金と同じ価値を得るための支出のことである。

Consumption is a kind of spending to get (　　　　　　) equivalent (　　　　　　)
the money you (　　　　　　).

(5) これには食料品や衣服を買うといった、日常の買い物が含まれる。

It (　　　　　　) your daily shopping, (　　　　　　) as buying food and
(　　　　　　).

(6) もうひとつの支出である投資とは、将来の自分の収入につながりそうなものにお金
を出すことを意味する。

_____ , investment, means spending money for

something that may bring you _____ .

(7) 実際に将来の収入につながるかどうかわからないが、意味のあるお金の使用だと言
える。

_____ that it is _____

though it is uncertain whether it will actually lead to your future income.

(8) 最後に、浪費とは、お金を使うだけで何も残らないことを言う。

Finally, extravagance is _____ and having

nothing _____ .

(9) これはムダ金と呼ばれている。

_____ wasted money.

(10) 浪費をしないようにすることが、お金を管理する最初の一歩である。

Trying not to be extravagant is the first step in _____

_____ .

# ||| Paragraph Writing |||

ここでは、3つ程度に分類できる事物を自分で決め、分類に基づいてそれぞれを説明するパラグラフを書いていきます。

## Step 4. Outlining （アウトラインを完成させましょう）

巻末の解答用紙に記入しましょう。

**Topic Sentences**

> (1) What are you going to write about? How many categories / types / kinds does it have? What is the name of each category / type / kind?

**Supporting Sentences**

> (2) Category 1: What are the characteristics of category 1? + α

> (3) Category 2: What are the characteristics of category 2? + α

> (4) Category 3: What are the characteristics of category 3? + α

**Concluding Sentences**

> (5) Your comments, etc.

## Step 5. Writing （パラグラフを書いてみましょう）

巻末の解答用紙に記入しましょう。

## 《コロン ( : )、セミコロン ( ; ) はどう使う？》

<u>コロン ( : ) の働き</u>

主に、「概要：詳細」の形で使われます。

① 例示

    Exams can be divided into three categories: interview, multiple choice, and essay-writing.

    前半でカテゴリーが 3 つあることを述べ、それらの名称をコロンの後に明記します。

② 補足や理由の説明

    I disagree with the government plan for the following reasons: it takes time, money, and human resources.

    前半で「理由は以下の通り」と述べておき、コロンの後で理由を述べていきます。

③ 強調

    There is only one thing you must keep in mind when you travel abroad: keep your eyes on your passport.

    前半で「ひとつだけある」と述べておき、コロンの後でそのひとつを説明します。

その他、時刻 (4:30 等)、比率 (2:1 等)、といったものにもコロンが使われます。

次に、セミコロンの使われ方を見てみましょう。

<u>セミコロン ( ; ) の働き</u>

① 2 つの節をつなぐ

    I hate beef; I love chicken.

    2 つの節や文の因果関係、対比を表しており、and, but, so などに置き換えることができます。

② 第 2 文が接続副詞の時

    I hate beef; however, they recommended beef.

    However, therefore, otherwise などの接続副詞の前に置かれ、2 つの文をつなぐ時に用いられます。

③ 複雑な列挙の時

    The students are from Tokyo, Japan; Seoul, Korea; and Beijing, China.

    上記のように、A, B, and C の列挙の際、すでにカンマがそれぞれの項目に含まれている場合、区切りを明確にするためにセミコロンが用いられます。

他にも様々な使われ方がありますが、主なものは以上です。また、その他の記号、例えば - (ハイフン) や ' (アポストロフィー) も英語にはあります。それらの使い方も自分で調べてみてはどうでしょうか。

# Chapter 10
# 比較対照
## (Comparison and Contrast)

　本章では、異なる2つの事物の類似点と相違点を比較・対照させながら説明していくパラグラフを作ります。類似点と相違点、どちらか一方だけを説明していく展開法もあります。まず主題文で2つの事物を挙げ、その後、それらの類似点と相違点を述べていきます。この章の目標は、各自で比較・対照する2つの事物を決め、それぞれを説明するパラグラフを完成させることです。

## Step 1. Structure of the Paragraph

 以下の図でパラグラフの流れを理解しましょう

**Topic Sentences:** 類似点と相違点を持つ2つの事物は何か＋補足

⬇

**Supporting Sentences:**
→ 類似点、又は相違点1＋補足
→ 類似点、又は相違点2＋補足
→ 類似点、又は相違点3＋補足
⋮

⬇

**Concluding Sentences:** 2つの事物に対するコメント等

The two biggest school trip destinations in the Kansai area are Kyoto and Nara. They are **similar in some ways** and **different in others**. Both are the ancient capital of Japan, known as *Heian-kyo* for Kyoto and *Heijo-kyo* for Nara. They both have a lot of well-known temples and shrines, such as *Kiyomizu-dera* temple in Kyoto and *Todaiji* temple in Nara. Therefore, not only Japanese school children but also a lot of foreign tourists visit them. Kyoto, **however**, is **much more** urbanized **than** Nara. The population of Kyoto City is around 1.5 million, **whereas** that of Nara City is **less than** 0.4 million. So, you will definitely be surrounded by crowds of people in Kyoto. In Nara, **on the other hand**, you will be tangled up with a lot of deer, instead. In this way, though both are quite similar, they are, at the same time, still very different. You should visit both as they are not so far apart.

□ パラグラフの内容をまとめましょう

(1) 主題は何ですか。

_____

(2) 1つ目の類似点／相違点は何ですか。

_____

(3) 2つ目の類似点／相違点は何ですか。

_____

(4) 3つ目の類似点／相違点は何ですか。

_____

(5) 3つ目の類似点／相違点の補足情報は何ですか。

_____

## Step 2. Useful Expressions （役に立つ表現を理解しましょう）

★ 類似点を示す時の語句

「同じく・同様に」他：similarly, similar, in the same way, in a similar way, similar to …, in common with …

（例）Tokyo and Seoul have much in common with each other.

★ 相違点を示す時の語句

「一方・対照的に」他：on the other hand, on the contrary, however, different from …, differ from …, whereas, unlike …

（例）Unlike other typical birds, penguins cannot fly.

★ 比較級を用いた比較表現（基本的な型）

「A は B よりも…」

A ＋ is / am / are ＋ …er / more … ＋ than B (is / am / are).

（例）The population of Tokyo is larger than that of Osaka.

★ 原級を用いた比較表現

「A は B と同じくらい…で」

A ＋ is / am / are ＋ as … as B (is / am / are).

（例）French is as difficult as German.

A ＋ V ＋ as many /much ＋ … as B (do / does).

（例）I have as many books as her.

「〜の何倍…」：倍数詞 ＋as … as

（例）I have three times as many books as her.

「…と同じ（名詞）」：the same（＋ 名詞）+as …

（例）I have the same car as her.


## ❏ Warm-Up ────────────────────

(1) ボブはお兄さんより背が高い。

Bob is (　　　　　) than his brother.

(2) このデザインよりはるかに美しい

much (　　　　　) beautiful than this design

(3) あなたのお父さんと同じ数の本

as (　　　　　) books as your father

(4) 私のものの 3 倍の（値段の）高さ

(　　　　　) times as expensive as mine

(5) 私と同じ意見

the (　　　　　) opinion as me

## Step 3. Exercises（日本語にあうように英語にしましょう）

(1) うどん (*udon*) とそば (*soba*) は、どちらも日本の伝統的麺類である。

_____ are Japanese traditional noodles.

(2) これら 2 つはよく似ているようだが、実はそれぞれ全然違う食べ物である。

These two _____ , but in fact are rather different from

_____ .

(3) どちらも鰹と昆布を基にした出汁に浸けて食べる麺類である。

_____ which we eat by dipping them in soup made

from dried bonito and dried seaweed.

(4) しかしながら、麺の原材料が違う。

_____ , _____ are different.

(5) うどんは、小麦粉と塩水から作られており、白くて太い。

*Udon* is made from _____ , and

is _____ .

(6) 食べるとき、その歯ごたえ (chewy texture) を楽しむものである。



(7) 一方、そばは、そば粉 (buckwheat flour) と水から作られており、茶色く細い麺である。



(8) そばは、その香りを楽しみながら食べるものである。



(9) 日本では、うどん派 (*udon* lovers) とそば派の間でどちらがおいしいか議論が絶えない。



(10) 日本に来たら、ぜひどちらも食べてみてはどうだろうか。

# ▐▐▐ Paragraph Writing ▐▐▐

ここでは、2つの事物を自分で決め、それらの類似点・相違点を説明するパラグラフを書いていきます。

## Step 4. Outlining（アウトラインを完成させましょう）

巻末の解答用紙に記入しましょう。

### Topic Sentences

(1) What are the two subjects which have both similarities and differences?

    Subject A: _____      Subject B: _____

⬇

### Supporting Sentences

Subject A: _____         Subject B: _____

| Differences: | Similarities: | Differences: |
|---|---|---|
| (3) | (2) | (3) |
| (4) | | (4) |

⬇    * 相違点・類似点の数や述べる順番は各自で調整してください。

### Concluding Sentences

(5) Your comments on the two subjects, etc.

## Step 5. Writing（パラグラフを書いてみましょう）

巻末の解答用紙に記入しましょう。

# コラム

## 《比較級の使い方、ここに注意！》

① than は比較級とともに使いましょう。また比較級にする単語に気をつけましょう。

例えば、「フィリピンには、日本よりも多くの小さな島々がある。」と言いたいとき、

× The Philippines have many small islands than Japan. (than を用いているのに比較級がない)

「than = ～よりも」と覚えてしまっているので、上記のような誤りがよく見られます。正しくは、

○ The Philippines have more small islands than Japan.

となります。以下のような間違いも時々見受けられますので気をつけましょう。

× The Philippines have many smaller islands than Japan. (比較級にする単語を間違えている)

② 比較対象は同じものにしましょう。

× The size of Tokyo is smaller than Hokkaido.「東京の大きさは、北海道より小さい。」

上の文では、「東京の大きさ」と「北海道（地名）」を比較してしまっています。正しくは、

○ The size of Tokyo is smaller than that of Hokkaido.「東京の大きさは、北海道のそれよりも小さい。」

のように、「東京のサイズ」と「北海道のそれ（サイズ）」を比較しなければなりません。

# Chapter 11

# 意見と理由
## (Opinion and Reasons)

　本章では、ある事柄に対する自分の意見（賛成か反対か）とその理由を述べるパラグラフを作成します。説得力のある文章にするためには、自分の意見がいかに論理的であるか、客観的に理由を説明することができるか、が重要となってきます。はじめに自分の立場をはっきりさせた後、理由や論拠を説明していきます。最後にもう一度自分の意見を述べて締めくくります。この章の目標は、「日本の大学での教授言語を全て英語にすること」に対する意見（賛成か反対か）とその理由を述べるパラグラフを完成させることです。

## Step 1. Structure of the Paragraph

☐ 以下の図でパラグラフの流れを理解しましょう

> **Topic Sentences:** トピックは何か＋それについて賛成か、反対か
>
>
>
> **Supporting Sentences:** { → 理由 1: なぜそう思うのか＋補足
> → 理由 2: なぜそう思うのか＋補足
> → 理由 3: なぜそう思うのか＋補足
> ⋮
>
>
>
> **Concluding Sentences:** もう一度自分の意見を述べる等

**Some people say that** the rule of wearing school uniforms in high school should be abolished. However, my opinion is different. I **disagree with** abolishing this school rule **for the following three reasons**. First of all, it is friendly on the wallet. Once you buy a uniform when you enter school, you don't need to buy any more. Second, you don't need to worry about what to wear every morning. That means you can save your busy morning time. If you have to wear your ordinary clothes for school, you will need much longer to choose your clothing every day. **I believe that** this is really a waste of time. Finally, school uniform hides the economic gap between the richer and the poorer children. **I strongly feel that** children should be treated equally at least at school even though they are from different economic backgrounds. **For these reasons, I insist that** the rule of school uniform should not be eliminated.

❏ パラグラフの内容をまとめましょう

(1) 筆者の意見はどのようなものですか。

_____

(2) 1つ目の理由は何ですか。

_____

(3) 2つ目の理由は何ですか。

_____

(4) 3つ目の理由は何ですか。

_____

(5) 3つ目の理由の補足説明では何と言っていますか。

_____

_____

★ 自分の意見を示す表現

「私は…だと主張する」「私は…だと思う」等

I  insist / maintain / think / suppose / believe / feel  (that) S + V ….

（例）I insist that smoking on the campus should be banned.

「私の意見としては…」「私の視点では…」等

| In my opinion, | |
| From my point of view, | S + V …. |
| It is my opinion that | |

（例）In my opinion, the national pension system will break down soon.

＊pension system: 年金制度、pension scheme ともいう。

★ 賛成・反対を表す表現

「私は…に賛成・反対です」

| I  agree / disagree | with …. |
| | (that) S + V …. |

（例）I agree (that) the government should raise the budget for child care services.

★ 具体的な理由を述べる前後の表現

「これには理由が…個あります」：There are … reasons for this.

「（これについての）理由は以下の通りです」：Reasons (for this) are as follows.

「これらの理由から判断して…」：Judging from these reasons, …

★ 理由を述べるときの表現

「…なので～である」

S + V ~  because / since / as  S′ + V′ ….

Because / Since / As  S′ + V′ …, S + V ~.

（例）Trees are cut down because more and more people need a place to live.

## ❑ Warm-Up

(1) 私は公共での喫煙は禁止すべきだと思う。

I (　　　　　) smoking in (　　　　　) places should (　　　　　) prohibited.

(2) 私の意見では、一家族のペットの数が多すぎることは問題となると考える。

(　　　　　) my (　　　　　), it becomes a problem to have (　　　　　) many pets in one (　　　　　).

(3) 私は大学生がアルバイトをすることに賛成である。

I (　　　　　) that university (　　　　　) can (　　　　　) part-time.

(4) これらが今週末の外出をさける必要がない理由です。

These are the (　　　　　) (　　　　　) we don't (　　　　　) to avoid going out (　　　　　) weekend.

(5) あなたの意見から判断すると、彼の前途には輝かしい未来がある。

(　　　　) from your (　　　　), a bright (　　　　) lies before (　　　　).

## Step 3. Exercises（日本語にあうように英語にしましょう）

(1) 2013 年から日本の高校の英語授業は原則として英語で行われるようになった。

English classes in Japanese high schools _____

_____ in principle since 2013.

(2) 私はこの教育政策に対して強く反対している。

_____ this education policy.

(3) これには 3 つの理由がある。

_____ this.

(4) まずはじめに、日本では日常生活で英語を使うことがないため、英語の習得は難しいと思うからだ。

_____ , I think it is difficult to _____

because we _____ in Japan.

(5) たとえ学校で英語に触れたとしても、夏休みなどの長期休暇があるので、英語に継続して触れることは容易ではない。

_____ students are exposed to English at school, _____

_____ for students to keep it up, _____ a long summer

vacation.

(6) 次に、複雑な英文法も英語で学ぶため、英文法理解がさらに難しいものとなってしまう。



(7) その結果、英語学習が嫌いな生徒が増えるかもしれない。



(8) 最後に、母語と英語の違いに気づくことも重要だと思うからだ。



(9) したがって、英語の授業では日本語の使用も欠かせない。



(10) これらの理由から、私は英語の授業は英語だけで行われるべきではないと考える。

# |||| **Paragraph Writing** ||||

ここでは、「日本の大学での教授言語 (a medium of instruction) をすべて英語にすることについて、賛成か反対か」を書いていきます。

## Step 4. Outlining（アウトラインを完成させましょう）

巻末の解答用紙に記入しましょう。

**Topic Sentences**

(1) What is the topic in English?  (2) Agree or disagree?

**Supporting Sentences**

(3) Reason 1: Why do you think so? + α

(4) Reason 2: Why do you think so? + α

(5) Reason 3: Why do you think so? + α

**Concluding Sentences**

(6) Write your opinion again.

## Step 5. Writing（パラグラフを書いてみましょう）

巻末の解答用紙に記入しましょう。

╔══════════════════════════════════════╗
　　　　　　　　　　**コラム**
### 《because の使い方に要注意 !》

because を使う際、以下のような誤りがよく見られます。

　because の後ろにカンマ ( , ) を入れてしまう。
　　× Because, I was sleepy then.

　Because S + V …. だけで文を作ってしまう。
　　× Because I was sleepy then.

　Because + 名詞（句）又は形容詞だけで文を作ってしまう。
　　× Because heavy rain.　× Because sleepy.

because は節と節を結ぶ接続詞ですので、以下のような使い方しかできません。

$\boxed{\text{S + V} \sim \text{because S}' + \text{V}' ….}$ 又は $\boxed{\text{Because S}' + \text{V}' …, \text{S + V} \sim .}$

例えば、

　$\underset{\text{S}}{\underline{\text{I}}}\ \underset{\text{V}}{\underline{\text{won't go}}}$ for a walk  because  $\underset{\text{S}'}{\underline{\text{it}}}\ \underset{\text{V}'}{\underline{\text{is}}}$  raining. 又は、

　Because  $\underset{\text{S}'}{\underline{\text{it}}}\ \underset{\text{V}'}{\underline{\text{is}}}$  raining,  $\underset{\text{S}}{\underline{\text{I}}}\ \underset{\text{V}}{\underline{\text{won't go}}}$ for a walk.

したがって、
　　× Because it is raining. は文法的には正しい英文とは言えません。

このような場合、
　　○ $\underset{\text{S}}{\underline{\text{It / This / That}}}$  $\underset{\text{V}}{\underline{\text{is}}}$  because  $\underset{\text{S}'}{\underline{\text{it}}}\ \underset{\text{V}'}{\underline{\text{is}}}$  raining. とすれば、誤用とはなりません。

# Chapter 12

# 原因と結果 1
## (Cause and Effect 1)

　本章と次章では、ある事象の因果関係を説明するパラグラフを作成します。本章では、まず主題文で結果となる事象について述べ、引き続きその原因を説明していくパラグラフに焦点を当てます。ある結果に対して、なぜそのような結果となったのかを論理的に説明していく際の基本となる手法です。この章の目標は、「自分が今抱えている（過去に抱えていた）悩みとその原因」を説明するパラグラフを完成させることです。

## Step 1. Structure of the Paragraph

☑ 以下の図でパラグラフの流れを理解しましょう

**Topic Sentences:** どのようなことがあったか（結果）

⬇

**Supporting Sentences:**
→ 原因 1: なぜそれが起きたのか ＋ 補足
→ 原因 2: なぜそれが起きたのか ＋ 補足
→ 原因 3: なぜそれが起きたのか ＋ 補足
⋮

⬇

**Concluding Sentences:** まとめ、またはあなたのコメント等

The birthrate in Korea has dramatically declined according to a survey conducted by the Korean government. It dropped to 0.98 in 2019, which is the lowest rate among OECD countries. It is said that **there are several causes for this**. **For one thing**, it **arises from** the work environment in Korea. Today's young people in Korea do not want to marry because of their unstable economic background. It is getting difficult to get a stable job in Korea, and even if they get married, the rent for housing is extremely high. In addition, women's sense of values has been changing. In traditional Korean society, people thought that the role of women was to become housewives and to raise children at home. However, more and more women work outside the home these days. **Last but certainly not least**, **thanks to** the spread of Internet culture, Korean young people got to know various lifestyles. They can access interesting things daily. So even when they get married, they don't want to have children. Experts say that if the government doesn't take any measures, the country itself will be the first to disappear in the world.

❑ パラグラフの内容をまとめましょう

(1) トピック（結果となる事象）は何ですか。

_____

(2) 1つ目の原因は何ですか。

_____

(3) 2つ目の原因は何ですか。

_____

(4) 3つ目の原因は何ですか。

_____

(5) Concluding Sentence では何と言っていますか。

_____

## Step 2. Useful Expressions（役に立つ表現を理解しましょう）

★ 原因を表す表現

「…に起因している」「…の結果である」: result(s) from …

「…から生じる」「…に起因している」: arise from …

（例）The spread of the virus results from prioritizing economic activity.

「ウィルスの拡大（結果）は、経済活動の優先（原因）に起因している。」

★ 原因を述べ時に用いるつなぎ表現

「…のせいで」「…のために」: because of / due to / owing to …

「…のおかげで」: thanks to …

（例）The picnic was postponed | because of | heavy rain.
| due to |
| owing to |

★ 理由や根拠を述べるときに用いる表現

「〜の理由は…である」: The reason for 〜 is ….

「…は、この理由による」: It is for this reason that ….

「なぜ〜かという理由は…である」: The reason why 〜 is that ….

（例）It is for this reason that I can't come home early.


## ❏ Warm-Up

(1) 貿易の増加は、関税を引き下げた結果である。

The increase in trade (　　　　　) from the reduction of (　　　　　) duties.

(2) 口論は、誤解から生じた。

The dispute (　　　　　) (　　　　　) a misunderstanding.

(3) あなたの助けのおかげで試験に合格できた。

(　　　　　) to your help, I could (　　　　　) the exam.

(4) とても忙しいので、外食できない。

I can't eat out (　　　　　) I am very (　　　　　).

(5) 私の犬が太っている理由は、えさを与え過ぎるからである。

The (　　　　　) why my dog is fat is that I feed it (　　　　　) much.

(1) 私の悩みは、いろんなことに興味が惹かれるのだが、それらにすぐ飽きてしまうことだ。

My worry is that I _____ ,

but easily get tired of them.

(2) 何かひとつのことを継続して趣味として持ちたいのだが、それができない。

_____ I want to _____ as a hobby,

I can't do it.

(3) この理由には以下のようなものが考えられる。

The _____ are as follows.

(4) ひとつには、私が生まれ育った環境に起因していると思う。

_____ , I think it _____

where I grew up.

(5) 子供の頃、欲しいものは何でも手に入れることができたので、ひとつの物を大事にするという機会をもつことがなかった。

_____ I could get whatever I wanted in _____ , I haven't

had the chance _____ .

(6) 次に、私は気が多い人間 (be open to anything) であることが原因かもしれない。

(7) 例えば、ある友達が野球をし、別の友達がサッカーをしていると、自分はどちらもやろうとする。

(8) 最後に、私には、さまざまなことができる人間になりたいという願望があるからだと思う。

(9) しかしながら、どれもすぐに飽きてしまうため、結局何もマスターしていない。

(10) 少なくともひとつは長続きするような趣味 (long-lasting hobby) を持ちたい。

# ||||Paragraph Writing||||

ここでは、「自分が今抱えている（過去に抱えていた）悩みとその原因」を説明するパラグラフを書いていきます。

## Step 4. Outlining （アウトラインを完成させましょう）

巻末の解答用紙に記入しましょう。

**Topic Sentences**

> (1) What is / was your worry?

**Supporting Sentences**

> (2) Cause 1: Why did it happen? + α

> (3) Cause 2: Why did it happen? + α

> (4) Cause 3: Why did it happen? + α

**Concluding Sentences**

> (5) Summary or your comments, etc.

## Step 5. Writing （パラグラフを書いてみましょう）

巻末の解答用紙に記入しましょう。

## 《原因と結果について：This is because と This is why の違い》

This is because と This is why の違いがよくわからない、ということはないですか。

日本語にすると、
This is because ... は、「なぜなら、…だからだ。」となり、…には「原因」が入ります。
This is why ... は、「だから…だ。」となり、…には「結果」が入ります。

英文で違いを見ていきましょう。

The school picnic was put off.　　　　This is because it was raining yesterday.
「ピクニックは延期された。（結果）」　　「なぜなら、昨日は雨が降っていたからだ。（原因）」

It was raining yesterday.　　　　This is why the school picnic was put off.
「昨日は雨が降っていた。（原因）」　　「だからピクニックは延期された。（結果）」

以下の英文ではどちらが入るでしょうか。

(1) I was late for school this morning. This is ( because・why ) I overslept.

(2) I overslept this morning. This is ( because・why ) I was late for school.

(3) I was sick in bed. This is ( because・why ) I was absent from school yesterday.

(4) I haven't done the laundry yet. This is ( because・why) it is still raining.

(5) I didn't bring my homework. This is (because・why) my teacher told me off.

# Chapter 13
# 原因と結果２
## (Cause and Effect 2)

　本章では、引き続きある事象の因果関係を説明するパラグラフを作成します。前章では結果からその原因を説明するパラグラフを作成しましたが、本章では、まず主題文であるひとつの原因となる事象について述べ、その結果起きた（起こりうる）ことを複数挙げ、それぞれ説明していくパラグラフを作成します。この章の目標は、「自分の悩みが原因で、その結果どのようなことが起きたか（起こりうるか）」、を説明するパラグラフを完成させることです。

## Step 1. Structure of the Paragraph

☐ 以下の図でパラグラフの流れを理解しましょう

**Topic Sentences:** 原因となるものは何か＋なぜそれは起きた（起きる）のか

**Supporting Sentences:**
→結果１：その結果、どのようなことが起きたか
　　　（起こりうるか）＋補足
→結果２：他にどのようなことが起きたか
　　　（起こりうるか）＋補足
→結果３：他にどのようなことが起きたか
　　　（起こりうるか）＋補足
　　　　　　　　　．
　　　　　　　　　．
　　　　　　　　　．

**Concluding Sentences:** あなたのコメント等

❏ サンプル・パラグラフを読んでみましょう

At the beginning of 2020, a new type of coronavirus was found in China for the first time, and it very quickly spread around the world. **As a result**, it **caused** numerous people to suffer from the disease. Although the disease itself was not as serious as SARS, the spread of the virus **brought about** several unpredictable effects on the economy and on our daily lives. First of all, some big cities, such as Rome, Paris, and New York, were locked down, and residents in those areas were forced to stay home. **As a consequence**, facilities unnecessary for our daily lives were all closed. Many companies shut down, and so employees of those companies worked from home. Second, events where many people gather at one time, such as music concerts and art events, were canceled. **In fact**, not only those events were canceled, but also schools all over the world were closed and went to an online format. Finally, masks usually sold at drug stores were out of stock and it became quite difficult for people to get them. Masks are an essential item in order to avoid infection with the virus, but they could hardly be found at stores at that time. The virus caused a lot more serious damage to both the economy and our daily lives. We should make use of this experience for the next unpredictable pandemic.

❏ パラグラフの内容をまとめましょう

(1) トピック（原因となる事象）は何ですか。

_____

(2) 1つ目の結果（影響）は何でしょうか。

_____

(3) 2つ目の結果（影響）は何でしょうか。

_____

(4) 3つ目の結果（影響）は何ですか。

_____

(5) Concluding Sentences では何と言っていますか。

_____

## ★ 結果を表す表現

「S（原因）が…（結果）をもたらす・…の原因となる・…につながる」

　　S bring about …. S result in …. S lead to …. S cause …. S end in ….

　　　（例）Ignorance often brings about unnecessary troubles.

　　　　　「無知はしばしば不必要な問題をもたらす。」

　　　　　（原因）　　　　　　（結果）

## ★ 結果を述べるときに用いるつなぎ表現

「その結果」: As a result, …. Consequently, …. As a consequence, ….

　　　（例）The government didn't take initial measures. As a result, the virus spread rapidly.

「それゆえ」「それで」「だから」: So, …. Therefore, …. Thus, …. Accordingly, ….

　　　（例）The wind was blowing hard. So, I decided not to go out.

## ★ 結果を述べるときに用いるその他の表現

「…の結果として」「…を受けて」: as a result of …

　　　（例）Unfortunately, he left school as a result of his father's death.

## ❏ Warm-Up

(1) この薬はさまざまな利益をもたらすはずだ。

　　This (　　　　　) should (　　　　　) about a variety of benefits.

(2) ストレスは深刻な健康問題をひき起こしうる。

　　Stress can (　　　　　) to serious (　　　　　) problems.

(3) 米大統領の発言は物価の上昇をひき起こした。

　　The statement of the President of America (　　　　　) a (　　　　　) in prices.

(4) 気候の変化は、技術革新の結果として起こった。

　　(　　　　　) change has occurred as a (　　　　　) of advances in technology.

(5) 昨夜は夜ふかしをした。その結果、学校に遅れた。

　　I (　　　　　) (　　　　　) late last night. (　　　　　) a (　　　　　), I was late for school.

(1) 技術の進歩のおかげで、世界はますますグローバル化している。


(2) その結果、日本ではさまざまな問題が起きている。


(3) グローバル化とは、異文化の流入 (influx) を意味する。


(4) 異文化が入ってくると、文化間の衝突 (cultural conflicts) が起き、さらに悪いことには、文化の消滅 (disappearance of culture) をもたらすことさえあるのだ。


(5) 次に、人材 (human resources) の流入と流出 (outflow) である。


(6) 優秀な人材が他国へ移住すると、人材だけでなく技術の流出も起きる。


(7) 日本では、逆に他国の労働者がより良い労働環境を求めて来日し、それが賃金低下 (lower wages) につながっている。


(8) 最後に、日本語を母語としてない子供たちが学校でのコミュニケーションの問題に直面している。


(9) 実際に、ほとんどの日本の学校では、日本語以外の言語での教育に対応できていない。


(10) 残念ながら、これらのようなグローバル化の問題点が議論されることはほとんどない。

# ||||Paragraph Writing||||

ここでは、「自分の悩みとその結果起きたこと（起こりうること）」を説明するパラグラフを書いていきます。

## Step 4. Outlining （アウトラインを完成させましょう）

巻末の解答用紙に記入しましょう。

**Topic Sentences**

> (1) What is your worry?  Why did it happen? etc.

**Supporting Sentences**

> (2) Effect 1: What may happen / happened as a result? + α

> (3) Effect 2: What may happen / happened as a result? + α

> (4) Effect 3: What may happen / happened as a result? + α

**Concluding Sentences**

> (5) Further effects / Your comments, etc.

## Step 5. Writing （パラグラフを書いてみましょう）

巻末の解答用紙に記入しましょう。

## 《原因と結果について : 導入に用いられる語》

よい説明文を書くためには、ある状況の結果だけではなく、原因も併せて書くことが重要となってきます。前章のコラムでは、because と why だけに着目して原因と結果の違いを説明しましたが、それ以外にも原因と結果を示す表現がいくつかあります。原因を導入する語として、because に加えて、since、as、because of、due to、thanks to などが用いられます。それに対して、結果を導入する語には、as a result、so、therefore、thus、accordingly、consequently などがあります。

以下の英文の下線部に入れる語句を考えてみましょう。

(1) _____ the snowstorm, some ski resorts opened early.

(2) The pilots have just started a strike. _____ , all the flights are canceled.

(3) She has been absent from work _____ illness.

(4) Most people have never received any keyboard training. _____ , their typing skills are very poor.

(5) _____ it was getting dark, I turned on the headlights.

# Chapter 14
# 問題と解決策
## (Problem and Solutions)

　本章では、あるひとつの問題や課題に対してその解決策を順に述べていくパラグラフを作ります。個人的な問題や課題から社会問題に至るまで幅広い分野に応用でき、実社会においては顧客への解決策提案に用いられることもあります。複数の解決策を提示することによって、より説得力を持たせることができます。この章の目標は、「自分の現在の学校（または自身の学校生活）における問題とその解決策」を提案するパラグラフを完成させることです。

## Step 1. Structure of the Paragraph

 以下の図でパラグラフの流れを理解しましょう

**Topic Sentences:** 問題・課題は何か

**Supporting Sentences:**
→ 解決策 1：考えられる解決策は何か
　　　　　　どのように解決するのか＋補足
→ 解決策 2：考えられる解決策は何か
　　　　　　どのように解決するのか＋補足
→ 解決策 3：考えられる解決策は何か
　　　　　　どのように解決するのか＋補足
　　　　　　　　　　　　⋮

**Concluding Sentences:** まとめ、さらなる課題、あなたのコメント等

❏ サンプル・パラグラフを読んでみましょう

Because of the declining birthrate, Japanese universities are now **facing a grave problem**. It means the number of candidates has become fewer and fewer and the small number of examinees may cause serious strain on universities' budgets. To solve this, I propose three possible **measures** to get more students in this society with fewer children. **One possible solution** is that they start new, exciting programs and close old, unpopular ones. If interesting and fascinating classes are provided, more high school students will come. Second, **it would be beneficial to** open their doors to adults. In fact, adults can enter universities, but it is still difficult for full-time workers to study at university. So, we need to change the course curriculum for those people. Finally, the most important solution is to have relations with universities abroad. In this globalized society, **it is essential to** receive students from other countries. **Without** any action, some of the universities may soon be forced to close down.

❏ パラグラフの内容をまとめましょう

(1) トピック（問題・課題）は何ですか。

_____

(2) 1つ目の解決策は何でしょうか。

_____

(3) 2つ目の解決策は何でしょうか。

_____

(4) 3つ目の解決策は何ですか。

_____

(5) Concluding Sentence では何と言っていますか。

_____

## Step 2. Useful Expressions（役に立つ表現を理解しましょう）

★「問題」を意味する名詞

difficulties, problem, issue, crisis, matter, trouble など

★「問題」を形容する語（形容詞）

big, great, enormous, grave, huge, important, major, serious, significant, global, little, minor, complicated, complex, difficult, urgent など

★「問題」に連結する動詞

「持っている」「直面する」: have, face, be faced with, be confronted with など

「克服する」「解決する」: overcome, solve, resolve, eliminate など

（例）We are facing serious trouble these days.

★ 必要性を訴える時の表現

「…することは重要だ」「…することは必要だ」「…することは有益だ」

It is   important / essential / necessary / beneficial | to V …. |
| that S + V …. |

★ アドバイスや提案をする時の表現

「…した方がよい」: S  should / ought to V ….

「…することを提案する」: I (would)  propose / suggest  that S (should) V ….

★ 条件「もし…がなければ（しなければ）、…だろう」を表す表現

Without …, S′ will / may / can + V′…

If S don't / doesn't + V…, S′ will / may / can + V′…

Unless S + V …, S′ will / may / can + V′…

（例）Without permission / If you don't have permission / Unless you have permission, you cannot sell polished rice in Japan.

## ❏ Warm-Up

(1) 私たちは今非常に難しい問題に直面している。

We are (            ) with a very (            ) problem now.

(2) 日本には克服しなければならない問題がたくさんある。

We have many (            ) to (            ) in Japan.

(3) 毎日の教室掃除が必要不可欠だ。

It is (            ) to (            ) our classroom every day.

(4) 学校がより多くの留学生を受け入れることを提案する。

I (            ) that the school (            ) more foreign students.

(5) もしこの問題に対して何もしなければ、もっとひどいことになるだろう。

(            ) we (            ) something about this problem, it (            ) become much (            ).

(1) オーバーツーリズム (over tourism) とは、ひとつの観光地にあまりにもたくさんの観光客が訪れる現象 (phenomenon) のことであり、世界中の観光地で深刻な問題となっている。

(2) オーバーツーリズムの解決策として、以下の3つが考えられる。

(3) ひとつには、観光客が分散される (be dispersed) よう、インフラ整備 (infrastructure development) が必要だ。

(4) それには費用がかかるが、特定のエリアの観光客の密集が防げるだろう。

(5) 次に、入場制限(admission restrictions)を設けるなどして観光客の数を減らすことだ。

(6) 例えば、オーバーツーリズムの結果、タイのあるビーチでは生態系が完全に破壊されてしまった。

(7) そのような場所では、環境保全のためにも早急に対策が不可欠だ。

(8) 最後に、騒音や落書き (graffiti) といった問題の対策として、観光客のふるまいを規制するべきだろう。

(9) そうすることで、観光客の迷惑行為に対する抑止効果 (deterrent effect) が期待できる。

(10) 環境にも地域住民にもやさしい観光を目指す必要があるだろう。

# ||||Paragraph Writing||||

ここでは、「自分の現在の学校（または自身の学校生活）における問題とその解決策」を書いていきます。

## Step 4. Outlining（アウトラインを完成させましょう）

巻末の解答用紙に記入しましょう。

### Topic Sentences

> (1) What kind of problem does your school (life) have?

### Supporting Sentences

> (2) Solution 1: What is a possible / reasonable solution? + α

> (3) Solution 2: What is a possible / reasonable solution? + α

> (4) Solution 3: What is a possible / reasonable solution? + α

### Concluding Sentences

> (5) Summary / Further problem (if any), etc.

## Step 5. Writing（パラグラフを書いてみましょう）

巻末の解答用紙に記入しましょう。

仕事やプライベートで何か問題が起きた時、それを解決するために、例えば、相手に「どう伝えるのが良いか」と考えることがあります。伝え方を意識することで、コミュニケーションの力がぐんとアップし、問題解決に近づくこともあります。そんな時に役立つ例として、ヘッジ (hedge) を挙げることができます。ヘッジは言語学の用語で「垣根ことば」と呼ばれるもので、語調をやわらかくしたり、ぼかしたりするクッションの役割をすることばと考えられています。

　次の苦情について、問題を解決するためにはヘッジをどのように用いてメールを作成すると良いかを考えてみましょう。

[苦情の内容]
1月12日（金）に Antonio's Supermarket で買い物をした際のレシートから、購入していないボトル入りの水 6 本の代金 5 ドルを支払っているのがわかった。

[考えられる解決策]
1月17日（水）にレシートを持って店に行くので、返金をお願いしたい旨をメールで知らせる。

[ヘッジを用いたメールの例]

Dear Manager of Antonio's Supermarket,

Last Friday, January 12th, I shopped as usual at Antonio's, a store I like very much. Unfortunately, on my return home I realized that I had been charged for 6 bottles of water that I did not purchase. I would appreciate a refund of the $5 that I was charged in error. I will be able to bring the receipt to your store on Wednesday, January 17th. I trust that this will be convenient.

Please feel free to contact me at michael@ge.officebkk.com

Thank you very much,

Michael Smith

1. 上のメールを読み、言いにくいことをどのように表現しているかを書き出しましょう。

2. そのほかに、ヘッジを使うことでより効果的になっていると思われる箇所はどこでしょう。

# 5 Steps for Paragraph Writing

## 5つのステップで学ぶパラグラフ・ライティング

| 編著者 | 前 田　哲 宏 |
| --- | --- |
| | 河 野　淳 子 |
| | Simon Rosati |
| 発行者 | 山 口　隆 史 |

発 行 所　　株式会社 音羽書房鶴見書店

〒113-0033　東京都文京区本郷 3-26-13
TEL 03−3814−0491
FAX 03−3814−9250
URL: https://www.otowatsurumi.com
e-mail: info@otowatsurumi.com

2021 年 3 月 1 日　　初版発行
2024 年 4 月 1 日　　3 刷発行

組版　ほんのしろ
装幀　大谷治之（オセロ）
印刷・製本　（株）シナノ パブリッシング プレス
■ 落丁・乱丁本はお取り替えいたします。

ISBN978-4-7553-0051-6

EC-074

# Chapter 3  手順・手続きの説明 (Procedure / Process)

ここでは、料理を自分で選び、その調理手順を書いていきます。

## Step 4. Outlining （アウトラインを完成させましょう）

### Topic Sentences

(1) What are you going to explain? Small bits of information about it. What are the ingredients?

### Supporting Sentences

(2) Procedure 1: What do you do first? + α (some advice if any)

(3) Procedure 2: What do you do next? + α (some advice if any)

(4) Procedure 3: What do you do next? + α (some advice if any)

(5) Procedure 4: Finally, what do you do? + α (some advice if any)

### Concluding Sentences

(6) Some comments or suggestions, etc.

ID: _____    Name: _____

Date: _____

## Step 5. Writing （パラグラフを書いてみましょう）

調べた単語・表現を
ここに書きましょう

ID: ............................................. Name: ...................................................

Date: ...................................................

# Chapter 4 時間的順序 (Chronological Order)

ここでは、「自分の生い立ち」を書いていきます。

## Step 4. Outlining （アウトラインを完成させましょう）

### Topic Sentences

(1) Who are you? Where and when were you born?

### Supporting Sentences

(2) Event 1: What happened to you and when did it happen? + α

(3) Event 2: After "event 1," what happened to you and when did it happen? + α

(4) Event 3: After "event 2," what happened to you and when did it happen? + α

(5) Event 4: After "event 3," what happened to you and when did it happen? + α

### Concluding Sentences

(6) What are you doing now? / What are you going to do in the future?

ID: _____    Name: _____

Date: _____

## Step 5. Writing （パラグラフを書いてみましょう）

調べた単語・表現を
ここに書きましょう

_____

_____

_____

_____

_____

_____

_____

_____

_____

_____

_____

_____

_____

_____

_____

_____

_____

_____

_____

_____

ID: _____　Name: _____

Date: _____

# Chapter 5 空間配列 (Spatial Order)

ここでは、「自分の部屋の様子」を書いていきます。

## Step 4. Outlining（アウトラインを完成させましょう）

**Topic Sentences**

(1) What are you going to describe? / What can you see first?

**Supporting Sentences**

(2) What can you see there next and where is it? + α (a brief description of it, etc.)

(3) What can you see there next and where is it? + α (a brief description of it, etc.)

(4) What can you see there next and where is it? + α (a brief description of it, etc.)

**Concluding Sentences**

(5) Additional comments about your room, etc.

ID: _____ Name: _____

Date: _____

## Step 5. Writing （パラグラフを書いてみましょう）

調べた単語・表現を
ここに書きましょう

ID: .................................................　Name: ...................................................................

Date: ....................................................

# Chapter 6 グラフ描写 (Graph Description)

ここでは、p. 34 のグラフからわかることを説明するパラグラフを作ります。

## Step 4. Outlining (アウトラインを完成させましょう)

**Topic Sentences**

(1) What does the graph show / tell us?

**Supporting Sentences**

(2) Discovery / Phenomenon 1: What did you find? Why do you think it happened? + α

(3) Discovery / Phenomenon 2: What did you find? Why do you think it happened? + α

(4) Discovery / Phenomenon 3: What did you find? Why do you think it happened? + α

**Concluding Sentences**

(5) Your comments, etc.

ID: _____     Name: _____

Date: _____

## Step 5. Writing （パラグラフを書いてみましょう）

調べた単語・表現を
ここに書きましょう

ID: ........................................　Name: ........................................

Date: ........................................

# Chapter 7 定義文 (Definition)

ここでは、「若者の間でよく使われる新語や流行語の定義と説明」を書いていきます。

## Step 4. Outlining（アウトラインを完成させましょう）

### Topic Sentences

(1) What are you going to define?　　(2) What is the definition?

⬇

### Supporting Sentences

(3) Explanation / Usage 1: Additional information about it / How do you use it? etc.

(4) Explanation / Usage 2: Additional information about it / How do you use it? etc.

(5) Explanation / Usage 3: Additional information about it / How do you use it? etc.

⬇

### Concluding Sentences

(6) Your comments, etc.

ID: _____　　Name: _____

Date: _____

## Step 5. Writing （パラグラフを書いてみましょう）

調べた単語・表現を
ここに書きましょう

ID: ...................................... Name: ......................................................

Date: ......................................

# Chapter 8 例 証 (Illustration)

ここでは、「世界各地で使われている日本語の紹介文」を書いていきます。

## Step 4. Outlining （アウトラインを完成させましょう）

### Topic Sentences

(1) What are you going to write about?

### Supporting Sentences

(2) Example 1: What is it? + α (where is it used? etc.)

(3) Example 2: What is it? + α (where is it used? etc.)

(4) Example 3: What is it? + α (where is it used? etc.)

### Concluding Sentences

(5) Your comments, etc.

ID: _____  Name: _____

Date: _____

## Step 5. Writing （パラグラフを書いてみましょう）

調べた単語・表現を
ここに書きましょう

ID: ........................................　Name: ................................................................

Date: ......................................

# Chapter 9 分 類 (Classification)

ここでは、3つ程度に分類できる事物を自分で決め、分類に基づいてそれぞれを説明するパラグラフを書いていきます。

## Step 4. Outlining（アウトラインを完成させましょう）

**Topic Sentences**

(1) What are you going to write about? How many categories / types / kinds does it have? What is the name of each category / type / kind?

**Supporting Sentences**

(2) Category 1: What are the characteristics of category 1? + α

(3) Category 2: What are the characteristics of category 2? + α

(4) Category 3: What are the characteristics of category 3? + α

**Concluding Sentences**

(5) Your comments, etc.

ID: _____     Name: _____

Date: _____

## Step 5. Writing （パラグラフを書いてみましょう）

調べた単語・表現を
ここに書きましょう

ID: .................................................. Name: ..................................................

Date: ..................................................

# Chapter 10 比較対照 (Comparison and Contrast)

ここでは、2つの事物を自分で決め、それらの類似点・相違点を説明するパラグラフを書いていきます。

## Step 4. Outlining（アウトラインを完成させましょう）

**Topic Sentences**

(1) What are the two subjects which have both similarities and differences?

　　　　Subject A: _____　　Subject B: _____

**Supporting Sentences**

Subject A: _____　　　　　Subject B: _____

Differences:　　　　Similarities:　　　　Differences:

(3)　　　　(2)　　　　(3)

(4)　　　　　　　　　(4)

**Concluding Sentences**

(5) Your comments on the two subjects, etc.

ID: _____　　Name: _____

Date: _____

**Step 5. Writing** （パラグラフを書いてみましょう）

調べた単語・表現を
ここに書きましょう

ID: ........................................ Name: ........................................

Date: ........................................

# Chapter 11 意見と理由 (Opinion and Reasons)

ここでは、「日本の大学での教授言語 (a medium of instruction) をすべて英語にすることについて、賛成か反対か」を書いていきます。

## Step 4. Outlining （アウトラインを完成させましょう）

**Topic Sentences**

(1) What is the topic in English?　　(2) Agree or disagree?

**Supporting Sentences**

(3) Reason 1: Why do you think so? + α

(4) Reason 2: Why do you think so? + α

(5) Reason 3: Why do you think so? + α

**Concluding Sentences**

(6) Write your opinion again.

ID: _____　　Name: _____

Date: _____

## Step 5. Writing (パラグラフを書いてみましょう)

調べた単語・表現を
ここに書きましょう

ID: .................................................... Name: ....................................................................

Date: ....................................................

**解答用紙**

# Chapter 12　原因と結果 1　(Cause and Effect 1)

ここでは、「自分が今抱えている（過去に抱えていた）悩みとその原因」を説明するパラグラフを書いていきます。

## Step 4. Outlining（アウトラインを完成させましょう）

**Topic Sentences**

(1) What is / was your worry?

**Supporting Sentences**

(2) Cause 1: Why did it happen? + α

(3) Cause 2: Why did it happen? + α

(4) Cause 3: Why did it happen? + α

**Concluding Sentences**

(5) Summary or your comments, etc.

ID: _____　　Name: _____

Date: _____

## Step 5. Writing （パラグラフを書いてみましょう）

調べた単語・表現を
ここに書きましょう

ID: ....................................................　Name: ................................................................

Date: ......................................................

# Chapter 13 原因と結果 2 (Cause and Effect 2)

ここでは、「自分の悩みとその結果起きたこと（起こりうること）」を説明するパラグラフを書いていきます。

## Step 4. Outlining （アウトラインを完成させましょう）

**Topic Sentences**

(1) What is your worry?  Why did it happen? etc.

**Supporting Sentences**

(2) Effect 1: What may happen / happened as a result? + α

(3) Effect 2: What may happen / happened as a result? + α

(4) Effect 3: What may happen / happened as a result? + α

**Concluding Sentences**

(5) Further effects / Your comments, etc.

ID: _____    Name: _____

Date: _____

## Step 5. Writing（パラグラフを書いてみましょう）

調べた単語・表現を
ここに書きましょう

ID: ................................................ Name: ................................................

Date: ................................................

# Chapter 14 問題と解決策 (Problem and Solutions)

ここでは、「自分の現在の学校（または自身の学校生活）における問題とその解決策」を書いていきます。

## Step 4. Outlining（アウトラインを完成させましょう）

### Topic Sentences

(1) What kind of problem does your school (life) have?

### Supporting Sentences

(2) Solution 1: What is a possible / reasonable solution?  + α

(3) Solution 2: What is a possible / reasonable solution? + α

(4) Solution 3: What is a possible / reasonable solution? + α

### Concluding Sentences

(5) Summary / Further problem (if any), etc.

ID: _____    Name: _____

Date: _____

## Step 5. Writing （パラグラフを書いてみましょう）

調べた単語・表現を
ここに書きましょう

ID: .................................................　Name: ......................................................................

Date: ...................................................